文化
家园

文化驿站　共享空间

杭州社区文化家园建设丛书

创新·湖畔

郑莉娜　著

杭州出版社

图书在版编目（CIP）数据

创新·湖畔 / 郑莉娜著. -- 杭州 ： 杭州出版社，
2020.10
　（杭州社区文化家园建设丛书）
　ISBN 978-7-5565-1314-7

　Ⅰ．①创… Ⅱ．①郑… Ⅲ．①社区文化－建设－概况
－杭州 Ⅳ．①G127.551

　中国版本图书馆CIP数据核字(2020)第153319号

CHUANGXIN HUPAN

创新·湖畔

郑莉娜　著

责任编辑	齐桃丽
文字编辑	朱金文
美术编辑	祁睿一
出版发行	杭州出版社（杭州市西湖文化广场32号6楼）
	电话：0571-87997719　　邮编：310014
	网址：www.hzcbs.com
排　　版	杭州真凯文化艺术有限公司
印　　刷	浙江全能工艺美术印刷有限公司
开　　本	710 mm×1000 mm　1/16
字　　数	110千
印　　张	9.25
版 印 次	2020年10月第1版　2020年10月第1次印刷
标准书号	ISBN 978-7-5565-1314-7
定　　价	24.00元

序　言

党的十九大报告指出，要"发挥社会主义核心价值观对国民教育、精神文明创建、精神文化产品创作生产传播的引领作用，把社会主义核心价值观融入社会发展各方面，转化为人们的情感认同和行为习惯"；要"满足人民过上美好生活的新期待，必须提供丰富的精神食粮⋯⋯完善公共文化服务体系，深入实施文化惠民工程，丰富群众性文化活动"；要"打造共建共治共享的社会治理格局⋯⋯加强社区治理体系建设，推动社会治理重心向基层下移，发挥社会组织作用，实现政府治理和社会调节、居民自治良性互动"；"保证全体人民在共建共享发展中有更多获得感，不断促进人的全面发展"。

2017年6月，杭州市文明委下发的《关于开展社区文化家园建设的实施意见》指出："以'文化驿站、共享空间'为定位，以大力培育社区邻里文化、志愿文化、社工文化为重点，坚持政府主导、群众主体和多方参与相结合，充分发挥社区文化家园在活跃社区文化、提升市民素质、促进社区和谐、凝聚社区力量中的重要作用"，"突出思想引领、道德滋养、文明倡导、文化熏陶"。目前，我市社区文化家园建设已从示范创建阶段推进到扩大创建阶段，同时已产生一大批社区文化家园示范推荐点，有越来越多的社区积极构建、规范、创新文化家园，呈现了许多卓有成效的亮点做法和宝贵经验。

2019年4月，首批"杭州社区文化家园建设丛书"（8种）正式出版后，以生动的内容、精美的设计、凝练的经验总结，得到了市领导及各社区的广泛好评，为市民群众提供了深入了解家园、激发热爱家园之情的优秀读物。

开展社区文化家园建设，是贯彻十九大精神，加强社区治理体系建设，实施文化惠民工程，实现以文化人的有效载体；也是新时代背景下满足人民日益增长的美好生活需要，在社区文化建设过程中的直观体现。为了总结经验、展示成果、提炼特色、升华品质，把社会主义核心价值观融入到社区文化建设领域，进一步增强社区居民的文化归属感，进而转化为社区居民的情感认同和行为习惯，拟围绕"小人物，大家庭，新时代"主题思路，再次编写出版一套贴近普通居民的"悦读"文本、展示社区文化家园的精华范本、推广精神文明建设的通俗读本。

　　为深入学习贯彻党的十九大精神，深入贯彻杭州市精神文明建设委员会《关于开展社区文化家园建设的实施意见》精神，加快推进崇德向善、文化厚重、和谐宜居的文明城市建设，不断丰富广大群众的精神文化生活，在成功出版第一辑的基础上，由杭州市文明办与杭州出版集团联合牵头、策划实施"杭州社区文化家园建设丛书"第二辑编写出版项目，再度从首批杭州市社区文化家园示范点等优秀社区中选择上城区紫阳街道上羊市街社区、下城区东新街道新颜苑社区、拱墅区上塘街道蔡马社区、西湖区文新街道湖畔社区和留下街道杨家牌楼社区、萧山区城厢街道休博园社区、余杭区东湖街道茅山社区、富阳区富春街道巨利社区等8个文化家园，分别独立成书，每个社区提炼一两个关键词作为核心主题内容，形成"杭州社区文化家园建设丛书"第二辑。

　　"杭州社区文化家园建设丛书"第二辑，通过精心制作"盆景"来展示社区文化"风景"。杭州社区文化家园建设，既有共性，又有各自的个性。每一个社区的个性，包括其历史文化、人文风情、特色亮点等，经过深入挖掘、精心梳理、巧妙整合、创新设计、用心编写，形成"一社区一品牌，一图书一特色"，这些社区文化家园的"盆景"组合在一起，就形成一道美丽的杭州社区文化家园的"风景"。因而丛书中的各种图书既相互独立，又相互关联，形成一个以"文化统领"为逻辑线的协调的整体。通过精心提炼特色来展示社区文化品牌。每种图书采用"1+X"的形式，对相关素材进行梳理整合。"1"就是该社区"压厢底"的特色和亮点，"X"就是该社区其他值得记录和展示的文化资源，如人文底蕴、文化遗迹、历史文化名人、自我管理方面的典型事例等等。既展示"镇宅之宝"，也展示其他"家珍"，做到主题突出、特色鲜明，同时形象丰满、内容丰富。通过记录"草根"生活来展示社区文化品质。本丛书是"小人物"的"微史记"，撷取社区日常管理和百姓日常生活中打动人心的事件、故事等，体现"大家庭"的温暖和"新时代"的风貌。在图书框架、行文风格、图片选取上努力实现"老百姓讲自己的故事，老邻坊说身边的人物"，让读者获得"微微一笑更倾心"的感觉。

现在，"杭州社区文化家园建设丛书"第二辑与读者见面了，希望有利于进一步推进杭州社区文化家园建设，进一步提高杭州社区文化家园建设水平。

杭州社区文化家园建设丛书编委会

2020年7月

目　录

第一篇　概述

文化如水，润物无声。文化如光，启人心智。在现代社会中，每个人都有享受文化成果、参与文化活动和开展文化创造的权利。

杭州市西湖区文新街道湖畔社区文化家园，以文化设施和文化活动为载体，构造出形式多样的公共文化空间；良好的社区人文环境和文化资源，又

湖畔社区LOGO

创造出新的市民文化，让"陌生人社会"向"熟人社会"转变，建立起市民文化共同体，形成良好的公共治理秩序。在这个过程中，人们感受到城市精神的温暖和力量，也感受到文化的厚重和流动，不仅有利于增强市民归属感及社区凝聚力，也有利于传承优良文化传统和积极的价值追求。

湖畔社区俯瞰

第一节 湖畔之光

湖畔社区成立于2000年12月，位于浙江省杭州市西湖区，余杭塘河以南，文一西路以北，西至古墩路，东至竞舟路，毗邻浙大紫金港校区，由湖畔花园、政新花园、春天花园、和润园4个小区和地铁2号线文新站、文新幼儿园、文华小学、文华中学等公建设施组成，社区居民

湖畔社区

社区工作者

2193户，社区配套用房总面积约869.03平方米。社区环境美、居民素质高、配套设施优，是杭州城西高品质物业社区典范之一。

二十年来，湖畔社区始终以人民为中心，把社区建设提升到城市经济社会发展的战略高度，不断创新模式，以开放的姿态广纳良策，协调部门力量，整合社会资源，推进社区治理和社区文化建设蓬勃发展，有效保障人民群众共享改革红利。

"创新"是湖畔社区一个闪亮的标签。1999年，阿里巴巴在湖畔社区的湖畔花园诞生。二十载日月流转，阿里巴巴已发展成为世界知名的互联网科技企业，杭州人马云也因而成为"数字经济的创新者"。湖畔社区作为阿里巴巴梦开始的地方，也成了"拼搏创新、聚众融合"的创新创业之福地。如今已有不少互联网创新企业在此扎根。

以国际化的视野和标准打造高品质国际化生活社区，是湖畔社区发展的重要课题。从成立之初，湖畔社区就一直朝着"开放、融合、共治、和谐"的社区建设步伐有序前进，积极探索国际化社区建设的路子。湖畔社区是众多海外归侨、侨眷聚居地。旅居湖畔花园的澳大利亚籍教师爱德华先生主动为社区居民义务教授英语，创办爱德华英语俱乐部，吸引了杭州各个城区的侨眷慕名前来学习交流。俱乐部成为湖畔社区中外文化交流教育的特色品牌。

为满足社区居民日益增长的精神文化需求，提升居民的文化获得感和精神满足感。2018年底，在上级政府各部门的关心下，湖畔社区文化家园正式建成，多功能室、梦想书屋、乒乓球馆等设施齐全的活动场地为社区的文体事业和文体团队的发展提供了良好的硬件条件。场所的建成，只是开始，不断注入文化活力，才能保持社区文化家园的影响力。湖畔社区成立了春天合唱队、老年温馨聊天室、快乐乒乓俱乐部、腰鼓队、太极拳队、舞蹈队等十多个文体交流平台，充分发挥居民群众在社区文化家园建设中的主体作用，积极引导他们参与社区文化家园的建设、使用与管理。社区正在成为增进居民文化福祉、培育社区内生文化、提升居民文明素质、推进社区治理和服务的阵地。

一个社区治理得如何，关键要看生活在这个社区里的人民群众是否有认同感、安全感，在社区里是否具有主体性。湖畔社区以人民为中心作为创新社会治理的出发点和落脚点，围绕"亲情湖畔"构建工作服务体系，弘扬"奉献、友爱、互助、进步"的志愿服务精神，组建了党员先锋志愿者服务队、平安巡逻志愿者服务队、居家养老志愿者服务队、文体志愿者服务队、共建单位志愿者服务队、青少年志愿者服务队、妇女志愿者服务队，让老百姓在社区里具有主体性，能感受到自己是社区的从而也是整个社会的主人，就能够感受到自己的利益有保障、安全有基础、福利有托底、权利能行使，让城市更宜业、宜居、宜乐。

湖畔社区先后荣获浙江省百佳社区、浙江省示范社区居委会、浙

湖畔社区

江省和谐示范社区、浙江省四星级"侨界之家"、浙江省"最美侨之家"、杭州市文明社区、杭州市百家特色文化社区、杭州市老年宜居社区、西湖区示范学习型社区、西湖区社区教育进文化家园优秀组织单位、西湖区服务保障G20杭州峰会先进单位等荣誉。

第二节　爱在湖畔

国歌是一个国家的象征，社区之歌则是一个社区的象征。一首优秀的社区之歌可以汇集整个社区文化之精华，道出一个社区地域特色之风貌，反映一个社区居民之精神。

"啊，湖畔，湖畔，我的幸福地，五湖四海我们手握在一起，相遇是如此美丽……"这是湖畔社区的社区之歌《爱，在梦的湖畔》，歌词的创作者是应忆航。

这首社区之歌虽然简单，但能让社区有更大的凝聚力。应忆航说："社区之歌是联系社区居民的纽带。大家在一起练歌，邻里之间的关系变得亲近了。"

湖畔社区所在的地方，最早是杭州城西的一片农田。二十年的发展，有力见证了杭州迈入新世纪后的沧桑巨变。歌曲抓住社区发展中的一些典型元素，生动地抒发了人们对这个吉祥地、梦想地和幸福地的真实又美好的情感，旋律节奏明快、温暖，荡漾着一种由衷而发的自豪感，其走心、接地气的演唱风格，也受到了社区居民的欢迎。《爱，在梦的湖畔》成为湖畔社区对外宣传的一张文化名片。

湖畔社区党委书记花丽姝说，湖畔社区2193户居民来自五湖四海，还有不少国际友人。这首富有凝聚力和象征意义的社区之歌，不仅成为社区居民的心声，而且成为做好社区工作的帮手。

爱，在梦的湖畔

应忆航　作词
宋可夫　作曲

1=♭E　2/4

♩=110　热情、洒脱地

（0 5̣ 6̣ 1 2 3 ‖: 5 - | 0 6 7 6 | 5 4 5 | 5 1 2 | 3 i 7 | 7 6 | 5 - | 5 - |

0 6 5 6 | 4 0 3 4 | 0 5 4 5 | 3 0 2 3 | 0 5̣ 6̣ | 3 2· | 2 2 | 3 - | 3 - ）

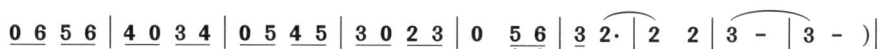

0 5̣ 6̣ 1 | 3 2 1 | 0 7̣ 7̣ 1 | 5̣ - | 5̣ 0 | 0 5̣ 6̣ 1 | 3 2 1 | 0 7̣ 6̣ 2 | 1 -
我 的 梦 在 这 里　在 这 里　　　岁 月 铭 刻 不 朽　的 记 忆
我 的 爱 在 这 里　在 这 里　　　古 老 的 塘 河 流 淌　在 梦 里

2 0 | 0 5̣ 6̣ 1 | 3 2 1 | 0 2 3 | 6̣ - | 0 5̣ 5̣ 3 | 2 2 6̣ | 3 2 2 3 | 3 -
那 滋 润 心 田 的　春 雨　　那 落 地 生 根 的 阿 里
那 书 声 朗 朗 的　校 园　　那 花 园 缤 纷 的 四 季

0 1 2 3 | 2 6̣ | 0 7̣ 6̣ 7̣ | 1 - | 1 - | 1 2 | 3 5· | 5 6 7 | 5 -
为 爱 孕 育　为 梦 传 奇　　　啊 湖 畔　湖 畔
阳 光 着 彩　明 月 写 意　　　啊 湖 畔　湖 畔

5 1 2 | 3 i 7 | 7 6 | 5 - | 5 - | 0 6 5 6 | 4 0 3 4 | 0 5 4 5 | 3 2 3
我 的 吉 祥　地　　　成 真 的 梦　腾 云 而 起
我 的 吉 祥　地　　　美 丽 的 心　情　温 暖 传 递

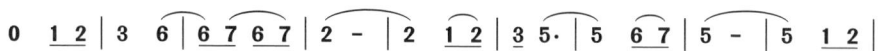

0 1 2 | 3 6 | 6 7 6 7 | 2 - | 2 1 2 | 3 5· | 5 6 7 | 5 - | 5 1 2
飞 向 千 里　万 里　　　啊 湖 畔　湖 畔　　　我 的
无 论 春 花　秋 雨　　　啊 湖 畔　湖 畔　　　我 的

3 i 7 | 5 6 - | 6 - | 0 i 7̇ i | 6 5 6 | 0 7 6 7 | 5 4 3 | 0 3 2 3
幸 福　地　　　五 湖 四 海 我 们　手 握 在 一　起　相 遇 是
幸 福　地　　　社 区 邻 里 我 们　相 聚 在 一　起　亲 如

【1.】
5 7̇ 7̇ 2 1 | 1 - | 1 （0 5̣ 6̣ 1 2 3 :‖ 【2.】 1 - | 1 1 2 结束句 | 1 - | 1 - | rit 0 3 2 3
如 此 美 丽　　　弟　　　啊 丽　　　相 遇 是
姐 妹 兄　　　
D.S.
DS后唱第一段歌词

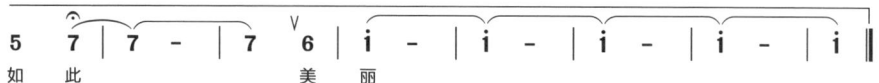

5 7̇ 7̇ - | 7̇ ∨ 6 | i - | i - | i - | i - | i - | i - | i -
如 此　　　美 丽

9

第二篇　创新福地：阿里巴巴梦开始的地方

　　"山外青山楼外楼，西湖歌舞几时休。暖风熏得游人醉，直把杭州作汴州。"千年前的南宋临安城，是君王、诗人、游客、商贾的杭州。如今，1000多万人口的杭州，是创新活力之城，电子商务蓬勃发展，在杭州点击鼠标，联通的是整个世界。而这背后，是一家企业与一个城市相融共生的历史。

　　1999年，马云同和他有着同样创业激情的17个年轻人一起，凑了50万元在湖畔社区的湖畔花园内创办了阿里巴巴。说起当时的捉襟见肘，在2015年8月11日《人民日报》的报道中，马云讲了这样一件事。他们平时不打车，一次有东西要带，于是马云和两个同伴下决心打个的士。来了一辆车，以为是夏利，三人招手，结果停下来是辆桑塔纳，于是三人齐刷刷地把头转了过去。"桑塔纳的起步价要比夏利贵，当时我们没钱，一分钱都得省。"虽然条件窘迫，但阿里巴巴一开始就是家"放眼世界"的公司。开业时，马云曾带着团队在猎猎秋风中宣誓："我们一定要打造一家让世界瞩目、让中国人骄傲的公司！"

　　风雨砥砺，岁月如歌。从一颗种子种下，到长成枝繁

阿里巴巴园区

阿里巴巴园区

叶茂的大树。树上有果子落下，又长成了一片蔚为壮观的商业森林。二十年弹指一挥间，今天，每一个杭州人都可以自豪地说："我们有阿里巴巴！"而阿里巴巴、马云与湖畔社区之间的传奇故事，也成为杭州人耳熟能详、津津乐道的佳话。

以梦为马，壮志凌云。杭州，因为有阿里巴巴而更富有独特韵味、别样精彩。阿里巴巴是杭州的，同时也是浙江的，中国的，世界的。这个从湖畔社区走出的全球知名互联网公司是杭州作为"展示新时代中国特色社会主义重要窗口"最经典的杭州样本、浙江样本和中国样本。

第一节　阿里"十八罗汉"湖畔白手起家

1999年，湖畔社区的湖畔花园当时属于杭州城西比较偏僻的位置。虽叫"湖畔"，但此湖畔非彼湖畔，离西湖还很远，只有乘一趟25路公交到最近的翠苑站，然后坐三轮车，在土路上颠簸一段距离才能到。据湖畔花园的老住户回忆，那时候这一带还是鱼塘、柿子林，门口的文一西路还没有修建。

马云在风荷院的照片

　　1999年，马云筹备第四次创业，地点就在湖畔花园。马云曾说自己很平凡，大学考了3回，当年找工作被拒绝过30多次。去肯德基应聘，24个人被收下了23个，他是唯一被刷下来的那一个。1995年，阿里巴巴成立4年前，还是杭州师范学院英语教师的马云去了一趟美国西雅图，第一次接触互联网。而在国内，大众对互联网的了解几乎还是空白。这个善于抓住机遇的年轻人，做出了一个大胆的决定：将来就做这个！

　　在创办阿里巴巴之前，马云经历了海博翻译社、中国黄页和国富通的折戟。1999年，北京，马云和国富通团队摊牌："你们要是跟我回家二次创业，工资只有500元，不许打的，办公就在我家那150平方米里，做什么还不清楚，我只知道我要做一个全世界最大的商业网站。如何抉择，我给你们三天时间考虑。"大家根本没想三天，一致决定跟马云一起回杭州创业。离开北京之前，他们一起去爬了长城，还一起在一个小酒馆里喝了二锅头，唱了《真心英雄》。他们知道，此番回去，他们要彻底与往事干杯，去赌一把未来了。从北京到杭州，18个志同道合的年轻人，在湖畔花园风荷院16幢1单元202室开始新的征程。这个房子本来是马云的新家，还没来得及住就当成了办公室。马云对大家说："每个人有多少钱出多少钱，但要留10个月吃饭的钱。不许问父母借钱，问父母借钱的话，明天把老爸老妈的退休工资搞掉了，那也吃不消。"18个人凑了50万元，平均每人2万多元，当时35岁的马云算是积蓄多的，多掏了几万元。这一次，马云创办的公司叫阿里巴巴。18个人后来被称为阿里巴巴的"十八罗汉"（按照工号排序）：马云、张瑛、孙彤宇、吴泳铭、盛一飞、楼文胜、彭蕾、麻长炜、韩敏、谢世煌、戴珊、金建杭、蒋芳、周悦虹、师昱峰、饶彤彤、金媛影、蔡崇信。

创业机遇往往出现在一条时间缝里，一个坐标轴中，一闪而过。有那么一群人，平凡但又非凡，抓住了这石中火、隙中驹。这群有着创业热情与梦想的人，在这里畅想着互联网的未来，畅想着中国电子商务的前景。

2003年，"非典"爆发，在人人自危的状态下，外出消费的人群大幅削减。这种时候，外送行业兴起，并有望迅速占领市场。在这种情况下，淘宝网，一个改变人们购物消费方式的网站，正式诞生在湖畔花园这个不过150平方米的房子里。多年以后，阿里从一颗种子成长为千亿美元市值的大树，但湖畔花园仍然是阿里最初的根。在这间150平方米的四居室里，诞生了阿里巴巴，诞生了淘宝网。这套房子如今还在马云名下，里面各色东西还保存完好，连马云曾经写的"发展才是硬道理"这几个字也还在房子里。

如今，探访湖畔花园风荷院16幢1单元202室，这幢四层白墙小洋房掩映在树丛中，依然生机勃勃。202室的门口写着"喜居宝地千年旺，福临家门万事兴"，横批"吉祥如意"。

如同乔布斯创业时的车库，如今湖畔花园的参观者络绎不绝，周边也开了很多创业的小公司，满怀激情于"梦想总是要有的，万一实现了呢"的事业。

第二节　传承"湖畔精神"

　　钱塘潮水澎湃，叩击盛世大门。当我们脚下的这片土地大刀阔斧地创造着令人瞩目的成绩时，有一些面孔值得被铭记。二十载日月流转，阿里巴巴已发展成为世界知名的互联网科技企业，杭州人马云也因而成为"数字经济的创新者"。

　　回放阿里巴巴2000年一次内部会议的视频，马云如是说："西雅图它今天讲，我有微软，我有波音；纽约今天说，我有IBM。我们希望有一天，我们杭州人，当然要我们很争气，说'我们有阿里巴巴'。"今天，杭州人正如马云当年畅想的一样，将阿里巴巴成为杭州的一个符号。这背后是艰难困苦，玉汝于成。

马云在风荷院的照片

关于湖畔花园的那段创业历史，很多媒体都有过报道。工作时间是早9点到晚9点，每天12个小时。加班时，每天要干16个小时甚至更多，而加班又很频繁。20个客户服务人员挤在客厅里办公，马云和财务及市场人员在其中一间卧室，25个网站维护及其他人员在另一间卧室。房间里有一个小会议室，可以打地铺。那时大伙睡办公室的时间不比睡出租房少，地上有睡袋，谁累了就钻进去睡一会儿，颇有群租房的感觉。

从当年创业的记录视频中我们可以看到，马云对着"十八罗汉"大手一挥："从现在起，我们要做一件伟大的事情。我们必须准备好接受最倒霉的事情。但是，即使是泰森把我打倒，只要我不死，我就会跳起来继续战斗！"

后来，在一次演讲中，马云特意强调了这种"湖畔精神"："记得1998年年底，在长城上，我们发誓：要创建让中国感到骄傲、让全世界感到骄傲的公司。我也想到了宝宝回杭州的时候，湖畔花园家徒四壁，我还记得那时候他打电话给我，说因为没有空调，'手很冷'。然后到第一次融资，我们搬到华星。当时我第一次担心，怕阿里巴巴不是阿里巴巴。我怕我们失去了湖畔的精神。"2009年9月9日，阿里巴巴组织了一场创业十周年庆典，阿里员工以长跑接力的方式把根据地迁到滨江，轰动全城。阿里巴巴为这次盛大活动取了个可爱名字——"阿牛过江"，马云就是从湖畔花园出发，举起"阿牛过江"的第一棒。

从湖畔花园的一间房子到阿里巴巴集团成为全球顶尖互联网科技公司，建立全球最大的电商平台淘宝天猫、全球最大的金融科技公司蚂蚁金服、全球最大的开放式跨境物流网络菜鸟网络、亚洲最大的云服务商阿里云等，首倡世界电子贸易平台（eWTP），推动新型社会诚信体系构建，马云带领阿里巴巴在电商、互联网金融、大数据、云计算众多领域树立了全球风向标。他以二十年的不断创新实现了电子商务模式的革新，带给我们一道道"杭州好风景"，也给了我们许多有益的启示。阿里巴巴创业伊始，就把"打造一家让世界瞩目、让中国人骄傲的公司"作为奋斗目标。"无冥冥之志者，无昭昭之明；无惛惛之事者，无赫赫之功。"正是有了这种放眼全球的志向，电商的历史机遇才最终选择了马云和阿里巴巴，他的每一步发展才都挺立在时代的潮头。

2019年9月，为表彰马云为杭州发展做出的卓越贡献，在阿里巴巴集团成立二十周年之际，杭州市委、市政府举行授予马云同志"功勋杭州人"荣誉称号仪式。马云充分展现了杭州人敢为人先、坚韧不拔、立己达人、大气开放的"湖畔精神"和"杭州精神"。

"杭州是我心目中最好的城市，最能够形容我自己、印在我名片上的身份是'杭州佬'。能够生在杭州是我的幸运，能让杭州变得更好是我的幸福。"在授予仪式上，马云深情地说，没有杭州，就没有马云，也就不会有阿里巴巴。最为杭州骄傲的，是杭州的远见，是杭州对未来、对创新、对梦想的态度。阿里巴巴也给家乡杭州写了一封信："你点燃了创业者的万家灯火，让千万创业者追逐心中的光；谢谢你杭州，读懂我们最初的梦想，给敢做梦的孩子一整片恣意生长的天空，让造梦的孩子走到舞台中央。"阿里巴巴在信中说，杭州和阿里，有着"一样的基因，一样的坚持，一样的担当，一样的未来"。

"海为龙世界，云是鹤家乡"，海与龙，云与鹤，城与人，相得益彰，美美与共。一个没有上过名校、没有家庭荫庇、没有社会背景的年轻人，白手起家，创出了世界一流的企业。马云的成功，是杭州新一代企业家成长的缩影。阿里巴巴在国际舞台上大放异彩，从某种意义上讲，是杭州经济快速增长的体现，是杭州市场潜力激活的体现，也是杭州企业科技创新能力不断提高的体现。

第三节　不忘"湖畔梦想"

有影像资料记录，当时马云在湖畔花园给团队开会时就给阿里巴巴定了这样的基调："我们所有的竞争对手不在中国，而在美国硅谷。我们要把阿里巴巴定位为国际站点，不要做成国内站点。我希望阿里巴巴在2002年能够成为上市公司。"这些超前的概念，在当时那个空荡荡的毛坯房中响起时，有种天方夜谭的违和感。如今看来，却是播下梦想种子的开端。

今天，湖畔花园仍然在阿里巴巴集团扮演着极为重要的角色，甚至被阿里巴巴的员工称为"一个神圣地方"，这不仅仅是因为湖畔花园16幢是阿里巴巴的创始地，还因为，在这里孵化出了阿里巴巴集团至今为止最为重要的几个项目。

湖畔花园孵化出的第一个大项目就是阿里巴巴集团旗下的首个网站，也就是如今大家所熟知的1688网，主要定位于贸易批发市场，致力于为供应商与买家之间提供一个安全便捷的交易平台。淘宝网是湖畔花园孵化出的第二个大项目，淘宝网是2003年5月10日成立的，此时的阿里巴巴成立四年，已经拥有了自己的办公室，搬出了湖畔花园。然而，马云却从集团调出了员工，安排到了湖畔花园开发一个C2C的网站，这就是后来的淘宝。如今，淘宝几乎已经成为网购的代名词。大名鼎鼎的支付宝也是从湖畔花园孵化出来。阿里巴巴集团于2003年5月推出淘宝网后，在同年的10月，推出了淘宝网的支付宝服务。而到了2004年，支付宝才从淘宝网分拆独立出来。此外，钉钉的秘密研发地也在湖畔花园。可见，马云一直对湖畔花园情有独钟。

事了拂衣去，深藏身与名。2019年9月10日，55岁的马云在正式辞去阿里巴巴董事局主席一职前夕，回到了梦开始的地方——湖畔花园。阿里大多数重要的创新，都是从这里开始的，湖畔文化是阿里巴巴重要的精神财富。

马云说："回到这里，我的脑海中仿佛放映起了一部电影，这里是一切的起点，我是一个向前看的人。我不想总是回顾往事，但是这一切看上去并不容易，所以每当我回到这里的时候，我都会感叹这一切是怎么发生的，我们又是怎么度过那段艰难的岁月。但是我们知道，如果没有经历过那些艰难的岁月，也就不会有今天成功的我们。我清楚地记得，当我们第一次来到这里的时候，告诉大家这里可能是我们即将要工

马云在湖畔社区创业的地方

作一年的地方，我们在这里吃饭、睡觉或者是日夜工作。那个时候，我们的愿望就是做出世界排名前十的网站，但当时我们的排名是在一两百万名次以外。最重要的是，阿里巴巴服务数以百万的小企业，还给年轻人赋予了力量，并成就了他们的梦想实现。我们在这里创建了阿里巴巴、淘宝、钉钉、阿里妈妈，他们中大多数都是非常优秀并且有战略的公司。不论阿里巴巴成长到有多大的规模，也不管阿里巴巴发展到世界上哪一个角落，要一直铭记湖畔文化，不要丢失在这个房子里的梦想，希望六十年八十年以后，人们还记得这个地方。"

马云成功了，他告诉我们：机会为每个人敞开着。让奋斗成为每一个有梦想的人的担当与基因，才能最终实现伟大梦想。正如马云在卸任的时候说的，青山不改，绿水长流。

第三篇　创新文化家园

　　文以载道，文以化人。社区文化家园只是一个场所，要用起来、活起来，需要充分发挥市民在社区文化家园建设中的主体作用。

　　湖畔社区文化家园在社区文化家园建设中，以实现"中国梦"作为思想引领，围绕"幸福家园，和谐筑家"文化建设理念，建立社区文化社团，打响社区文化品牌，开展各项公共文化服务活动，满足居民精神文化需求。同时，积极引导市民参与社区文化家园的建设、使用与管理，把文化"种"到社区，"种"到市民的心中。

　　正如《易经》所云："文明以止，人文也。观乎天文，以察时变；观乎人文，以化成天下。"文化若水，是流淌不息的精神激流；文明如山，是永恒矗立的城市坐标。文化品质就是城市品质，文化发展关系城市发展。湖畔社区文化家园正依托有形阵地为载体，以无形文化滋润心田，让居民在参与中获得幸福。

　　弦歌处处，文化如阳光，平等地照耀在每一个人的身上，这是我们城市宝贵的文化品质，也是我们弥足珍贵的精神家园。

社区文化广场

第一节　"亲情湖畔"文化品牌

湖畔社区文化家园通过"社会和谐梦""幸福人生梦""创业富国梦"三方面展开，重点培育邻里文化、志愿文化、社工文化，以文化活动、文明倡导、邻里交流等多种文化服务形式，夯实文化家园"六个有"，即有市民文化讲堂、有社区文化展示、有社区文化社团、有社区文化品牌、有社区文化节日、有网络文化平台，提升拓展"6+X"文化内容。

2018年底，新建成的湖畔社区文化家园有一个520平方米的文化活动中心、一个近2000平方米的文化广场前区（小公园）及430平方米的文化广场后区（内庭院）。站在文化家园主入口，就可看到文化家园门头醒目的湖畔社区文化家园logo标识。走进文化活动中心，首先映入眼帘的是一面主题社区文化展示墙，展示社区爱德华英语俱乐部、春天合唱队、快乐乒乓球俱乐部、俏姐妹舞蹈队、太极拳队等社区文化社团的风采及荣誉，还有在端午节、邻居节、重阳节、读书节、学雷锋日等社区文化的节庆活动风采风貌。

活动中心以一个柱子作为中心岛，围绕互联网概念设计成一棵社区幸福树。逢年过节，挂上居民们的美好心愿卡，增强与居民的互动。树下设计成软包座椅，可供带孩子的家长休憩。活动中心北侧的角落设计成休闲区，为社区居民尤其是老人和小朋友设置共享玩具和图书角，增进邻里互助互动和情感交流。

活动中心还设置了乒乓球室，是快乐乒乓球俱乐部的球员及居民开

湖畔社区文化家园

展训练、交流和比赛活动的地方。文体娱乐室总面积约140平方米，是舞蹈等文体活动的场地。从活动中心沿环形楼梯可走到二楼的66平方米的图书阅览室，这里是社区荷风邻里书屋，为居民提供电子书阅读、实体书阅览、棋类运动、小型文化教育培训及交流服务。居民们通过电脑、无线网络，可登录"社区E家人"微信群、QQ群等社区网络文化平台，交流思想、增进社区邻里互动及文化共融。社区文化人才也在书屋举办市民文化讲座，开展文化公益活动。

湖畔社区文化家园通过各个功能场地的设计与内容建设的有效结合，以形式多样的文化服务为载体，鼓励群众参与，繁荣群众文化，凝聚邻里亲情，提升"亲情湖畔"文化品牌。

社区文化广场

第二节　梦想书屋：多读书、读好书、好读书

　　湖畔社区梦想书屋，地处湖畔社区文化家园二楼，藏书1500册，其中包括儿童书籍500册。梦想书屋是湖畔社区的亲子阅读基地和暑期青少年学习和活动实践基地。书屋与辖区学校文华小学进行共建，小学生们把自己收藏的图书和书画作品等都捐到书屋进行共享，营造浓厚的读书学习氛围。在书屋的入口处，还搭建了一块"梦想墙"，前来读书的小朋友们可以在墙上写上自己想在书屋看到的书目，记录自己的读书心

文化家园梦想书屋

梦想书屋交流活动

得或是进行读书打卡。

　　现在，书屋已经开展了一些固定的读书分享活动，进一步丰富居民的精神文化生活，营造多读书、读好书、好读书的良好社会氛围。比如每周四定期开展智慧妈妈公益读书会沙龙，为社区的妈妈们提供育儿交流和思想碰撞的平台。发起人李韩是国家高级心理健康咨询师，她致力于为二孩家庭解决沟通困难，让亲子关系更加和谐。参与活动的有二孩妈妈们，也有热爱学习的奶奶、外婆，还有年轻的社工，她们虽然来自于各行各业，但都有一颗热爱学习的心，希望通过参加读书会来愉悦精神，让亲子关系更和谐，家庭更幸福。

　　梦想书屋通过公益创投项目，让社会组织参与文化家园服务活动。陆续开展各种免费又有趣的活动，有适合家庭主妇的多肉养护、编织技

暑假，"张氏面塑"的传人张其标在梦想书屋给孩子们上兴趣课

梦想书屋亲子沟通交流活动

巧，适合老年人的养生健康讲座，适合青少年的科学小实验，还有学龄前儿童亲子绘本讲座等等课程。居民朋友们都可以来参加，在家门口享受各种贴心的公益服务。

现在，梦想书屋还开设了老年公益书法班，隔一周的每周三下午两点到四点，邀请辖区共建单位——怀德书画院的专业老师来为老人们免费上书法课。"活到老，学到老"，社区提供平台给爱好学习的老人们练习书法，他们也能够借此走出家门，多接触接触柴米油盐以外的其他事物，大家都感到非常开心。

"希望市民能用书里的词句来洗涤平时因忙碌而浮躁的心灵，用书里的文字抹平烦躁的心事，让他们在闲暇时光不再当'低头族'。选择一本油墨香气的书细细品读，让他们将阅读渗透到日常生活中，让阅读陶怡情操。"梦想书屋负责人吴清淑说。

梦想书屋母亲节插花活动

第三节　快乐乒乓球俱乐部：对外交流的亮丽名片

2019年8月4日，湖畔社区快乐乒乓球俱乐部迎来了一批特殊的客人——尼日尔国家乒乓球队交流队的20名队员。他们来杭州参加为期两个月的集训，集训之余，他们专门走访了杭州湖畔快乐乒乓球俱乐部，

参加杭州市首届业余乒乓球锦标赛

与小区球友们展开了一场跨国友谊赛。

比赛当天一早，原本就热闹的杭州湖畔花园活动中心更是人声鼎沸，参赛的、观赛的、摄影的……乒乓球爱好者们像过节一样开心。虽然言语不通、肤色各异，但是对于这场友谊赛的认真劲儿，大家有目共睹。尼日尔国家乒乓球队领队乌瑟尼表示："相信这样的交流友谊赛可以帮助我们培养出更多的高水平运动员。"

湖畔社区党委书记花丽姝也是一名资深球友，她上场与尼日尔朋友切磋了一盘，笑着说："有幸邀请到了尼日尔国家乒乓球队来小区切磋球技，是真正的民间友好交流，有助于共同提高。"

湖畔社区文化家园的一大特色就是湖畔快乐乒乓球俱乐部。俱乐部成立于2012年7月，在小区乒乓球爱好者董文荣、黄身健、董文明、朱增喜等人的酝酿下，俱乐部正式成立。成立伊始，球馆环境并不如人意，当时，六十多岁的俱乐部领队董文荣为此奔走于街道、社区、业委会、物业、业主之间，最终得到各方的大力支持。西湖区体育局送来了球桌，文新街道工会为俱乐部场地铺上红色地胶板，业委会帮助解决了打球的场地和灯光照明问题，居民张祖忠、董国鸣捐赠了崭新的球桌……如今，俱乐部会员从最初的10多人，1张乒乓球桌，发展到如今100多个会员，8张球桌的规模。同时，俱乐部还经常外出参赛并屡获佳绩，已成为小区对外交往的一张亮丽名片。

乒乓球俱乐部人才辈出，热衷乒乓球理论和实践的谭好奇短短五年内完成"三级跳"，于2019年年底考取国家级乒乓球裁判，正式成为国家乒协注册裁判。吕巧红、舒俊毓等6人分别考取了乒乓球国家一级和二级裁判员证书。随着队伍的不断壮大，俱乐部

2019年8月4日，湖畔社区文化家园开展与尼日尔国家乒乓球队的友谊交流赛

非常注重组织机构的构建，设立了竞赛组、裁判组、医疗组、后勤保障组，确保了乒乓球俱乐部的正常运转。俱乐部始终贯彻"强身健体，快乐和谐，幸福生活"的活动宗旨，积极组织业主、居民踊跃参与活动。俱乐部已连续多年成功协办了由湖畔社区和文新街道主办的"邻居节乒乓球友谊赛"等赛事，并积极参与街道乒乓球创投项目。

俱乐部不仅带动了社区居民的健身运动，还主动承担了小区部分乒乓球爱好者训练的义务指导，并逐步向整个小区普及，受到了居民的极大欢迎。有人搬家了，还定期回来参加乒乓球活动；有人在外地工作，每周末都要赶回杭州打球；有人宁愿每天上下班赶路，都不愿意搬到离单位更近的地方，就为了晚饭后能和球友们相聚；更有业主举家搬迁来此的理由之一，竟是这里的乒乓球俱乐部。

如今，乒乓球运动正日益成为湖畔花园小区凝聚人心的黏合剂与提振人气的正能量，乒乓球俱乐部也正作为一个健康快乐的运动品牌，在西湖区乃至杭州市发挥越来越大的积极效应。一方面通过乒乓球运动来带动羽毛球等其他体育活动的展开，号召居民以运动健身来代替不良娱乐活动，培养积极向上的健康生活方式；另一方面通过体育健身活动来加强居民之间、家庭之间的情感联系。俱乐部还利用外出参加省、市、区及民间组织的各类乒乓球比赛机会，努力打造"湖畔社区快乐乒乓"运动品牌，提振湖畔社区体育运动的影响力和知名度。

乒乓球俱乐部获得的主要荣誉：

1. 2016年杭州市第二届体育大会乒乓比赛中年组团体第三名。

2. 2016年西湖区社区运动会乒乓球比赛团体第二名。

3. 2017年杭州市第十九届体育运动会乒乓球比赛老年组团体第三名，中年组单打第二名，男子双打第三名，并荣获"道德风尚奖"。

乒乓球俱乐部日常训练

4.2017年西湖区第十届全民运动会（社会组）乒乓球比赛混合团体亚军，男子单打第二名，女子单打第二名。

5.2017年被评为杭州市乡镇社区乒乓球组织先进代表。

6.在文新街道乒乓球比赛中多次获团体第一名，男单和女单冠、亚军等。

7.杭州市第七届"孙泰和杯"乒乓球比赛乙组团体第三名。

8.2018年8月，西湖区第四届老人运动会乒乓球赛第四名。

9.2019年11月，参加西湖区职工业余乒乓球赛，获得团体冠军。

10.2019年11月，参加杭州市首届业余乒乓球锦标赛，获女子组季军，男子组第八名。

社工乒乓球比赛

湖畔社区第八届"邻里杯"乒乓球比赛

第四节　丰富多彩的艺术团：让文艺成为一种生活方式

"让文艺成为一种生活方式。"在湖畔社区，以社区文化家园等开放空间为平台，面向广大市民的文艺推广正越来越接地气。湖畔社区的艺术团体有：春天合唱队、湖畔歌咏队、腰鼓队、太极拳队、时装舞蹈队、健身队、民乐队等。

湖畔社区春天合唱队成立于2003年6月，由党员金秀义和陈宝莲一同发起成立，活动地点在春天花园的党员活动室，有50多位队员，现任指导老师是陈家能。

春天合唱队队长陈宝莲，出生于1951年，是一名老党员，也是湖畔社区春天党支部的委员，是社区最早的一批居民代表。她从2003年起就担任湖畔社区春天合唱队队长，是大家心目中的热心人。每次上课之前，陈宝莲都要提前打扫卫生、烧水、整理教室，她的精神也感染着其他人，社区工作者协助她组建了合唱队微信群，方便大家平时的交流和沟通。

如今，每周一下午，春天花园都会传出阵阵歌声。陈家能弹着钢琴伴奏，或优美、或高亢，吸引了越来越多热爱唱歌的退休人员加入。春天合唱队还参加了各类文体活动，比如杭州市物业庆建党90周年红歌赛等。"这是一个和谐的阵地，是一个温馨的家园，大家相聚在这里，歌唱美好幸福生活，共建和谐社区。"陈家能说。春天合唱队在志愿者的努力和社区的支持下越来越焕发光彩。

马福祥，1934年出生，毕业于清华大学，退休前是浙江省水利厅的高级工程师。他和老伴住在湖畔社区已经有二十多年，夫妻二人，为人和气，正直热情，子女优秀、孝顺，是人人称道的书香人家，也是和美幸福生活的典范。

马福祥退休后在社区担任志愿者，发挥余热，德高望重。他热爱唱歌，一直担任湖畔歌咏队队长，家里手抄的歌词本堆得有一米多高。多年来，每天早上八点到九点半，马福祥都会在社区的文化家园义务教居民们唱歌。他号召力强，又坚持多年，得到了歌咏队队员们的尊重。一提起马老师，社区居民都会竖起大拇指。

湖畔歌咏队的组建还要从2011年夏天说起。那一年，马福祥和社区几个爱唱歌的朋友，打完太极拳后，将歌片挂树上，人站树荫下，聚一起唱歌，只要不下雨，天天坚持唱。后来，社区文化家园有了活动室，搬入活动室后，条件改善，人员渐增，正式命名"湖畔歌咏队"。从此，歌咏队有了更快发展，在册人员增至40余人。湖畔歌咏队的队员平均年龄超过了65岁，他们退休前的职业有老师、警察、大学教授、工程师、工人，但是他们都有一个共同的身份——热爱生活的退休人。每天早上，他们都聚在一起唱歌一个多小时，唱歌让他们年轻，唱歌让他们健康。2018年，歌咏队创作了湖畔歌咏队队歌，在社区演出中广受好评。

几年来，歌咏队演出水平越来越高。2019年是新中国成立70周年，湖畔歌咏队自编自导，在社区举办了一场隆重的庆祝活动。歌舞《我们是共产主义接班人》、大合唱《我和我的祖国》、独唱《我爱你中国》等展现了队员们的爱国主义情怀。马福祥说："新中国成立70周年有着特殊的意义。我是从旧时代一路走来，拥有今天的幸福生活，特别感恩党和国家！"

湖畔社区腰鼓队成立于2001年，至今已有二十年的悠久历史，腰鼓

春天合唱队

队现有成员40多名，每周两次在文新公园进行集中学习和排练。曾参加过市、区、街道各级演出百余场，是每年社区邻居节的必演节目。

此外，湖畔社区有一群热爱跳舞的人，他们多才多艺，活跃在社区大舞台，共同组成了湖畔舞蹈队。

社区文化团体的建立，令生活与艺术无缝对接，使艺术生活触手可及。在社区层面推广文艺，不仅能提升普罗大众的文化艺术水平，还为居民充分发挥表演艺术的才华创造机遇。湖畔社区的艺术团体，充分利

湖畔歌咏队活动

用一批在职和退休的文艺单位的骨干力量，自编自导具有社区特色的节目，先后成功举办和参加了"迎新春贺新年"巡回演出、杭州市社区音乐健身操比赛、国际武术比赛和社区大舞台、广播体操比赛、"唱响湖畔，歌唱祖国"大型歌咏会等活动，丰富了居民的生活，提高了社区的凝聚力和影响力。

"社区成立文艺团以来，

湖畔歌咏队马福祥

2011年6月，春天合唱队参加物业协会举办的红歌比赛

最大的变化就是，社区在居民之间的凝聚力增强了，社区若要开展活动，歌舞编排都能保证执行到位。"湖畔社区主任徐佳说。现在，社区更像是一个家，一个有着共同爱好的家。社区将打造更多文化精品，让这个家变得更加温馨和睦。

第五节 "最美楼道"湖畔夕照苑：秀出文明风尚

楼道能美成什么样？在很多人眼中，没有小广告，墙壁雪白，栏杆上没有灰尘，那就算很美了。如果您认为这样就够了，那么湖畔花园夕照苑4幢2单元的楼道一定会颠覆您对楼道的印象，既端庄大气又有小清新文艺范，甚至能与家里的客厅相媲美，看到的人都觉得不可思议："楼道还可以美成这样！"

湖畔花园夕照苑4幢2单元在热心志愿者和楼道业主的共同维护下，不仅楼道干净整齐，还搞起了充满艺术氛围的个人画展。居民们感叹："走进这个楼道，好像走进了公共画廊。"

个人画展的发起人是该单元五楼的业主王兰，她是一位全职二孩妈妈，也是小区的志愿者。个人画展基本上每个月轮换一次，主要是邻居们的综合画展，以及小朋友的个人画展。作品的挑选和布置由王兰和孩子家长们一起商量，当月过生日或者纪念日的小朋友可以申请展出自己的绘画作品。

不在于花多少钱，而在于花多少心思。很难想象，这样温馨的楼道，曾经一度是堆放杂物、停放电动车的"车库"。而现在，乱停放的非机动车都不见了，楼上楼下的邻居们齐心协力，把楼道打扫得干干净净，并众筹买来了二手家具、盆栽植物、装饰用品等，楼道转身变成了会客大厅。老人们可以经常在这坐坐，聊聊天。干净舒适的大厅给人回家的感觉，邻居之间也有了聊不完的话题，旁边楼道的邻居都羡慕不已。这里已经成为小区"美丽楼道"建设的"样板间"。

最美楼道

最美楼道

最美楼道

最美楼道

"邻里间，如家；遇急事，胜远；少纷争，多容；常问候，增感。"短短几句话，道出了邻里和睦相处之道。王兰说，"最美楼道"让邻里之间的关系更好了。家具是大家集资买的，绿植是你一盆我一盆捐出来的，布置的方法也是大家讨论出来的。楼道里常举办一些小型的节日庆祝活动。

"不以善小而不为"，装点楼道虽是一个小小的举动，但在志愿者的带动下，家园变得越来越美，邻里关系也越来越和谐。其他单元的居民看到这里的喜人变化，也开始取经学习，改造楼道。一个人带动一群人，一个单元带动多个单元，多个单元带动整个小区，美丽家园、美好生活就在眼前。"最美楼道"成为邻里间联系感情、传播文明的纽带，提高了居民的生活品质。

最美楼道

第四篇 创新社会治理

大国治理的根基在基层，社区治理是国家治理的基础环节。

根据当前社会治理面临的形势，党的十九届四中全会提出，要"完善党委领导、政府负责、民主协商、社会协同、公众参与、法治保障、科技支撑的社会治理体系，建设人人有责、人人尽责、人人享有的社会治理共同体，确保人民安居乐业、社会安定有序，建设更高水平的平安中国"。

社区是人民群众安居乐业的家园，也是党和国家政策措施落实的"最后一公里"。让资源下来、服务上去、群众满

创新社会治理

创新社会治理

意，应是社区治理的应有之义。如此，矛盾才能少一些，生活也才能更美好。

　　湖畔社区一直以来致力于创新基层治理，探索了社区服务"三大载体"，即"一站""一网""三线"，打造"五心品牌"，通过"一站一网三线五心"的社区服务模式（"1135"模式），不断提升社区服务品质，实现了社区治理三大转变，即转变工作重点以服务为主，转变领导方法以民主协商和协调为主，转变工作方式以居民群众民主参与为主，充分体现了共建、共治、共享的要求，为构建富有活力和效率的新型基层社会治理体系夯实了基础。

第一节　社区干部先锋服务站：打造社区"同心圆"

社区干部先锋服务站是湖畔社区党委积极发挥领导核心作用和党员的先锋模范作用，为党员搭建的服务平台。平台发挥党员特长，组织党员为居民上品质新生活理财等课程，组织党员参加"爱我家园、美化家园"绿化植树活动，号召党员做社区志愿者，参加义务巡逻活动。社区党员从身边小事做起，处处起到示范作用，在抗冰雪、抗震救灾、抗击疫情期间起带头作用，形成了党员从身边小事做起，处处起到模范作用

湖畔社区平安创建健步走活动

湖畔社区元宵节便民服务

的良好风气。

　　社区党员先锋服务站积极推行党务公开制度，及时将党组织和党员队伍情况、工作情况、为民办实事情况及时对居民群众公开，增强工作的透明度，主动接受社区居民的监督，维护党群关系的密切程度，扩大党组织在群众中的影响。如社区党委每年的"双评"及优秀评选等工作，都会在党务公开栏内和网站上公示，接受党员群众的监督；又如对春天花园党支部评选先进事迹进行公示，并在党委中心组理论学习会上进行交流，受到一致好评，通过公开评议，春天花园党支部被评为最具活力党支部。

社区采用"四会四权"的社区民主自治，即恳谈会、联席会、听证会、评议会，民主知情权、民主决策权、民主管理权、民主监督权。社区每年召开居民代表会议，汇报社区工作情况、听取群众意见、考评社区干部。在讨论社区事务方面，邀请居民座谈，征求居民意见，形成一致意见再行办理。社区还与浙江大学、浙江工业大学、文华小学、各物业公司等形成稳定的共建对子，开展有针对性的社区服务。社区被浙江省委宣传部、省文明办、省教委等五部门命名为"浙江大学社会实践基地"。

湖畔社区还通过党员先锋服务站这一平台，打造"同心圆""1+N"的共建模式，形成了社区党组织与社区居委会、小区业委会、物业公司之间，互相尊重，互相信任的良好环境，通过"党委决策，全员参与，议事协商，共建共享"的长效管理机制，进一步增强社区基层党组织的影响力和渗透力，共同推进社区各项事业发展。

同时，社区干部先锋服务站通过与共建单位的优势互补，使社区为民办事的能力不断增强。通过党建共建会议，调动各方面的积极性，解决了困扰湖畔花园的物业选聘，小区健身器材的改造和安装，小区业委会选举，自来水一户一表改造，政新和湖畔的截污纳管工程及道路施工等问题。高效务实的工作作风让居民满意称赞。通过与辖区单位同心协力的和谐共建，使得社区的为民办事能力不再局限在社区办公室，而是通过"同心圆"的辐射，覆盖到更多更广的范围。

第二节　社区亲情服务网：筑起了新的"老墙门"

"看到了！看到了！是我女儿，有声音有画面，用视频联系真是太方便了。"家住湖畔社区的范加珠老人激动不已，终于用视频与在海外的女儿联系上了。看到了女儿清晰的面容，范老太满脸笑容，这一幕也深深打动了在一旁帮忙的社区网格员陈治香和沈亚萍。

90岁的范老太有三个子女，只有大儿子在杭州，每周一会来探望，其他子女都在国外工作，难得见面。社区工作人员刘伟在网格走访中发现范老太面带愁容，便主动向老人问明缘由。原来，范老太想跟远在海外的儿女打打电话聊聊家常，打发寂寞，但跨国电话费用高，已花掉不少钱，让老人家很是心疼，想使用网络通话又不知怎么操作。

了解到这一情况，社区网格员刘伟立即着手解决。电话咨询了多家宽带公司，代买了无线路由器，联系上门安装宽带，并用一个中午时间，帮老人修好闲置的iPad，下载好聊天软件后，手把手教会老人用微信视频和语音聊天，终于让老人见到了许久不见面的女儿。这是湖畔社区亲情服务网工作的温情一面。

社区亲情服务网是湖畔社区为空巢、独居老人提供的跟外界接触的交流平台。快乐养老需要精神养老和文化养老。湖畔社区鼓励家庭成员与老人多沟通、多交流，同时广泛开展群众性老年文体活动，引导老人树立"自助多福""自助而乐"的观念，积极参与社会活动，使"空巢不空、独居不孤、欢乐常伴"，做个快乐老人。

湖畔社区亲情服务网中最具特色的是"温馨聊天室"和"开心

"暖巢行动"给独居老人送去暖心关怀

"暖巢行动"给独居老人送去暖心关怀

园"。"温馨聊天室"由社区老年协会牵头，每周二为集中活动时间，吸引了越来越多的老人参与，成为社区老人互帮互助、解决困难和愉悦生活的精神家园。每周二下午，湖畔社区有一群爱聊天的老人齐聚在社区，谈天说地，谈笑风生，分享着人生的故事，讨论着时代的新闻热点。"开心园"由一些爱好音乐舞蹈、戏剧表演的退休人员组成，"开心早八点"是每天的必修课，谈新鲜事、麻烦事，聊家长里短，甚至是唱一曲、跳一段，从最初的五六人发展到现在有近百名老人参与。社区

亲情服务网的发展，极大地丰富了居民的业余生活，营造了良好的和谐氛围。

邻里关系作为中国乡土社会的地缘关系，是社会结构的重要组成部分，历来被坊间重视，孟母三迁、择邻而居、远亲不如近邻等故事和俗语，无不是中华民族邻里关系的真实写照。唐人于鹄写过一首《题邻居》，其中有这么几句："蒸梨常共灶，浇薤亦同渠。传屐朝寻药，分灯夜读书。"诗里描述的邻里关系可以说很是亲密了。打造睦邻友好家园，构建良好人际关系，在城市文明快速发展的今天，是一件尤其值得重视的事情。城市文明的进步，乃至整个和谐社会的构建，都离不开精神风貌健康和综合素质良好的市民，更离不开和睦的邻里关系。

湖畔社区亲情服务网，在社区引导下通过建立多种沟通渠道，搭建互动交流平台，让居民走出小家，融入大家，提升社区居民的认同感和凝聚力，重构了人与人之间的温情，真正筑起了新的"老墙门"。居民们"我爱我家，湖畔是我家"的自豪感和归属感油然而生，全民一心、不遗余力地参与到社区建设的热情和动力也源源不断。

第三节　三条专线：为民服务"零距离"

退役军人信息采集工作

2018年底，退役军人信息采集工作正在社区开展，为了人性化服务，湖畔社区对一些特殊人群比如行动不便的老年人、残疾人采取上门服务。家住湖畔花园夕照苑的曾昭弘先生此时已经85岁高龄，行动不太方便，他拨打"一呼即应"帮扶救助专线说出了自己的困难。负责民政工作的社工刘伟便主动提出上门采集信息，曾老拿出提前准备好的身份证、户口本、退役证明、三等功授奖证明，刘伟便帮忙进行了询问和登记，并现场给曾老拍摄照片，曾老先生只要在信息采集表上签个字就可以了，整个信息采集花了半个小时完成。曾老先生对社区的服务非常满意，真正实现了"一次不用跑"。小小的举动给予居民便利，受到居民们的点赞。

湖畔社区有三条为民服务专线。一是"一呼即应"帮扶救助专线，做困难人群的爱心人、做残疾人群的知心人、做老年人群的亲人。针对残疾人的身体和生活状况，开展帮扶救助，不定时去看望，定时为服药人员送药；对老年人则采取定时走访、不定时电话慰问的措施，为有需要的老人提供买菜、配药、陪同检查身体和上门聊天等"喘息"服务。二是"880"——拨拨灵特殊困难家庭服务专线，提出特殊困难家庭服务专线25小时服务，101%关怀理念。即24小时全天候服务外加1小时亲人般沟通；100%全心全意

退役军人信息采集工作

关怀外加1%管家式照料，让特殊困难家庭每天体验到多一点服务，多一点的关心。三是"就业动车线"，失业人员足不出户就可以享受到劳动政策咨询、就业指导、求职登记、职业介绍、社区就业、就业诉求为一体的全方位服务，并有助于实现失业人员动态管理。

湖畔社区党委书记花丽姝说，坚持以人民为中心，是习近平新时代中国特色社会主义思想的重要内容，是对马克思主义基本原理的时代诠释，也是做好新时代群众工作的理论基础和动力源泉。作为城市基层社会治理最前沿的社区，在工作中必须把以人民为中心的思想融入血脉、融入日常，把我们党这一优良传统和政治优势继承发扬好，不断提高服务群众、治理社区的能力水平。

退役军人信息采集工作

第四节　打造"五心"服务品牌：让社区更有温度

尊老、敬老、爱老是我们中华民族的传统美德。每逢重阳节，如何给老人们过一个特别的节日，湖畔社区的工作者们可是费了一番心思。

2018年的重阳节，社区工作者得知"温馨聊天室"84岁的张荣轩阿姨正好今天生日，还有一位老人即将迎来90岁高寿，就组织了一个高龄老人集体生日会，主题就是"快乐夕阳　亲情相伴"。湖畔社区的文化品牌就是"亲情湖畔"，充满了温情，老人们在社区就和在自己家里一样。"温馨聊天室"的老人平均年龄82岁，每周二下午都会来社区泡上一杯茶，聊上半天，城西医院的医生也在此时上门来给大家测量血压。社区工作者们在今天这个特殊的日子里，准备了生日蛋糕和康乃馨，邀请了文新幼儿园的小朋友们和老人家一起过生日。小朋友们表演了节目《数鸭子》，稚嫩的童声惹得老人们连连称赞，小朋友们还祝福老人们重阳节快乐，健康长寿。这是湖畔社区打造"五心"服务品牌的一个缩影。

为人民谋幸福，是中国共产党人的初心。保持这份初心，湖畔社区没有挂在嘴上，而是落到"脚"上，在工作实践中坚持走家串户、深入群众，与群众干在一起、聊在一起，与群众打成一片；走好网上群众路线，通过QQ、微信等网络平台，畅通反馈渠道，听取群众呼声；推行"网上听民意，网下分头办"，对收集的民情民意，跟踪反馈，切实将群众所思所盼作为谋划工作、制定措施、抓好落实的基本依据，使社区工作真正贴近实际、贴近群众、贴近千家万户。经过近二十年的实践和探索，逐渐形成了湖畔社区特有的"五心"服务品牌。

邻居端午活动

高龄老人重阳节集体生日会

动手清洁家园　我为小区添光彩

　　"五心"，一是公共服务暖人心。制定和规范社区公共服务制度，设立服务接待处和服务轮值制，做到有人接待、有人办理、有人解答的"三有"服务，让居民享受及时、便捷、有效的社区公共服务。二是帮困扶贫聚人心。由社区工作人员及社区助老员组成"爱心小分队"，每位队员按照特别编制的困难户、残疾人、空巢、独居高龄老人等联系名册，及时了解服务对象的生活情况，做到有困难及时解决。三是就业援助稳人心。通过对社区劳动年龄段的居民进行摸排，了解底数，建立信息库，对失业人员及时了解并做到情况明、需求清、政策明、人心稳。

四是为民办事得民心。积极开展民情访谈和居民座谈会，及时了解影响居民生活和生产的困难，想居民所想，急居民所急，解居民所困，排居民所忧，以学习实践科学发展观等活动为契机为民办实事、解难题。五是亲情和谐贴民心。围绕"一社一品"创建，积极开展各类为民利民的服务。如建立优生优育优教QQ群和微信群，通过网络增加居民获得育儿知识、健康常识的交流渠道。

从点滴小事做起，踏踏实实为民办实事，满足需求，贴近人心。

"五心"服务品牌建设，是湖畔社区文化建设中的一个重要组成部分，能够强化居民的社区意识，培养居民强烈的社区认同感和归宿感，从而增强社区成员之间的亲和力和凝聚力。同时，这又有助于居民确立关心社区、热心社区公益活动的意识，从而把社区视为自己生活的家园，形成"我为人人，人人为我"的社区风尚。

第五节 众志成城：把防疫贯彻至"最后一米"

和大自然一样，人类社会的发展，既有阳光灿烂的日子，也有风雨交加的时刻。2020年春节，一场新冠肺炎疫情突袭大江南北。这场疫情是新中国成立以来在我国发生的传播速度最快、感染范围最广、防控难度最大的一次重大突发公共卫生事件。"生命重于泰山。疫情就是命令，防控就是责任。" 一场力度空前的疫情防控阻击战全面打响，

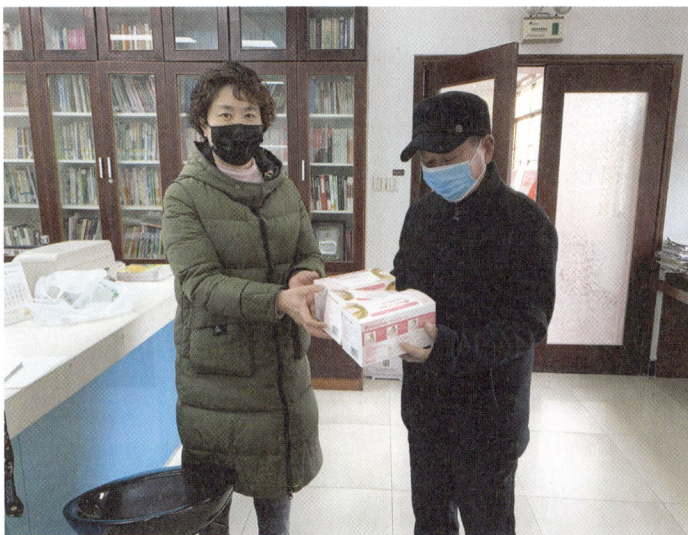

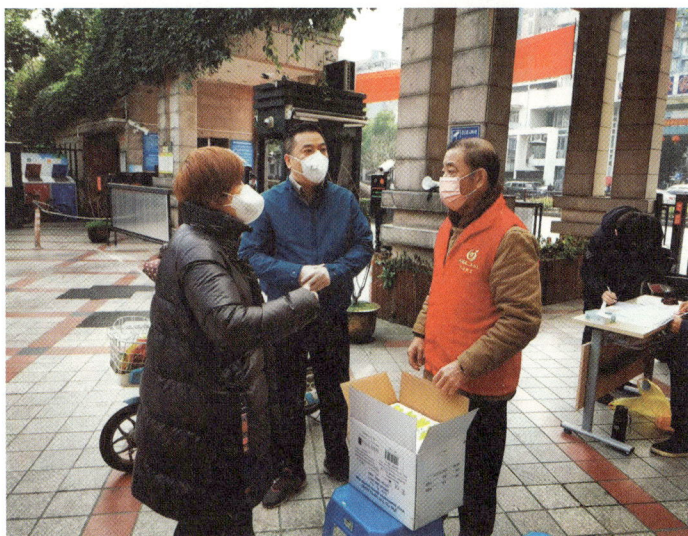

居民捐献爱心物资

抗击疫情中的
花丽姝（右一）

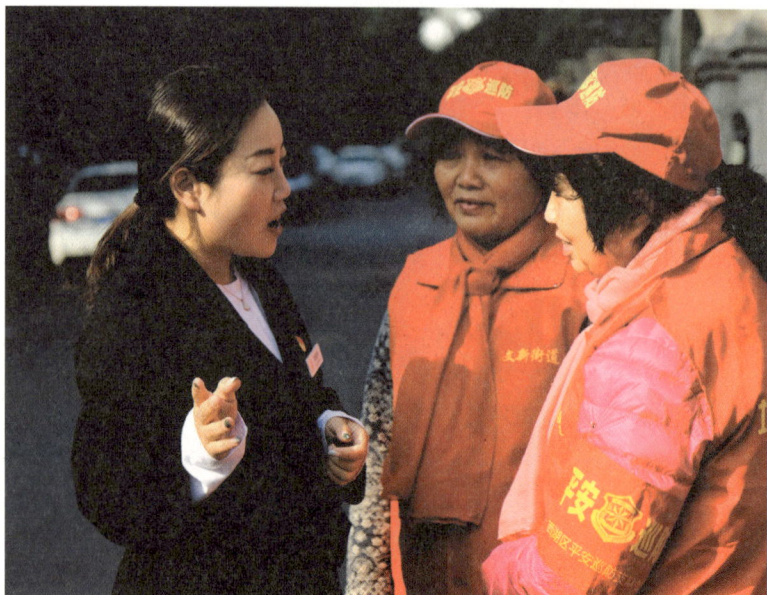

沈亚萍（左一）
指导志愿者

14亿中国人民在共克时艰中勇毅前行。

城市防疫，关键在社区。在抗击新冠肺炎疫情中，湖畔社区13名工作人员加上3名下派社区志愿工作人员，全面落实联防联控措施，对社区进行"深耕细作"，将防疫措施落实到户、到人，把防疫工作贯彻至"最后一米"，用力量和智慧守护着湖畔社区两千多户居民的一方平安。社区工作人员既当"守门员""疏导员"，又当"跑腿员""宣传员"，用自己的辛劳和坚守、奉献和汗水织就了严密防线，守住了疫情防控斗争的重中之重、决胜之地。

在抗击疫情中，湖畔社区根据社工的工作特长和专业优势，优化细分了六个小组：统筹沟通协调组、基础信息摸排组、数据汇总报送

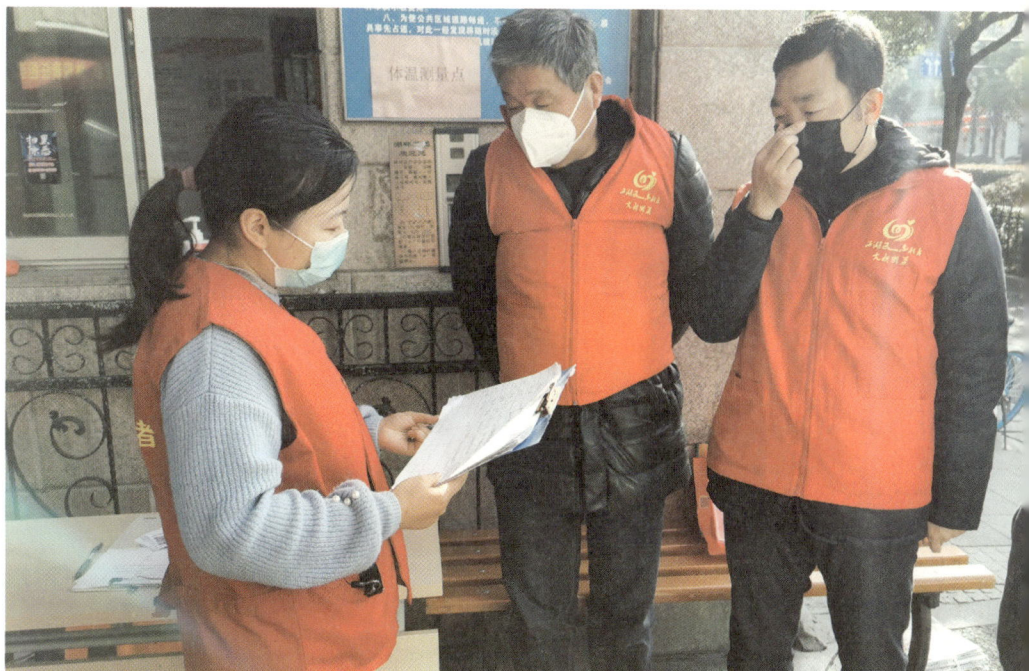

湖畔社区防疫工作

组、信访舆情宣传组、隔离人员及为老服务组、后勤保障机动组。

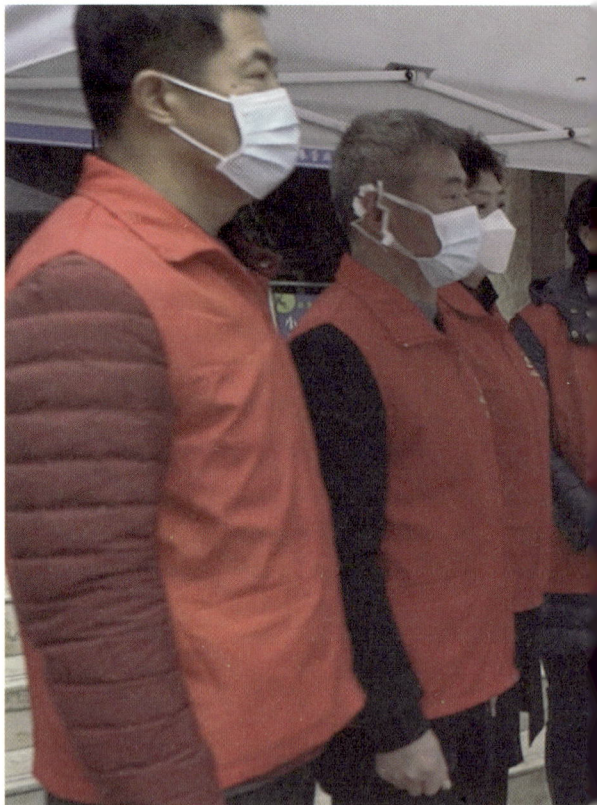

统筹沟通协调组由社区党委书记花丽姝和居委会主任徐佳组成。他们是社区工作的主心骨，负责上情下达，沟通协调，及时传递最新的有效信息和政策，向居民解读，同时对一些突发状况和重难点问题进行研究、协调、解决，并上报给上级有关部门，统筹安排社区大小事务，发挥党委的凝聚力，及时挖掘和发动一切力量做好疫情管控。

基础信息摸排组人员为副书记陈治香、副主任沈亚萍。每天的任务就是结合走访、"洗楼"、摸排和电话访问，做好一手信息的记录，接受居民各种咨询，打电话给每家每户，登记人员去向，劝导在外人员原地不动，电话无法联系的就逐一上门调查，尤其是重点做好出租户、独居和空巢老人、困难人群、疫情严重地区返杭人员的信息登记。

数据汇总报送组的工作，由年轻且电脑操作熟练的"90后"社工沈雪霏担任。她把收集到的基础信息，包括楼、户、人、车等信息录入电脑，形成智能化的表格，通过日夜加班排摸和整理数据，对社区2193户

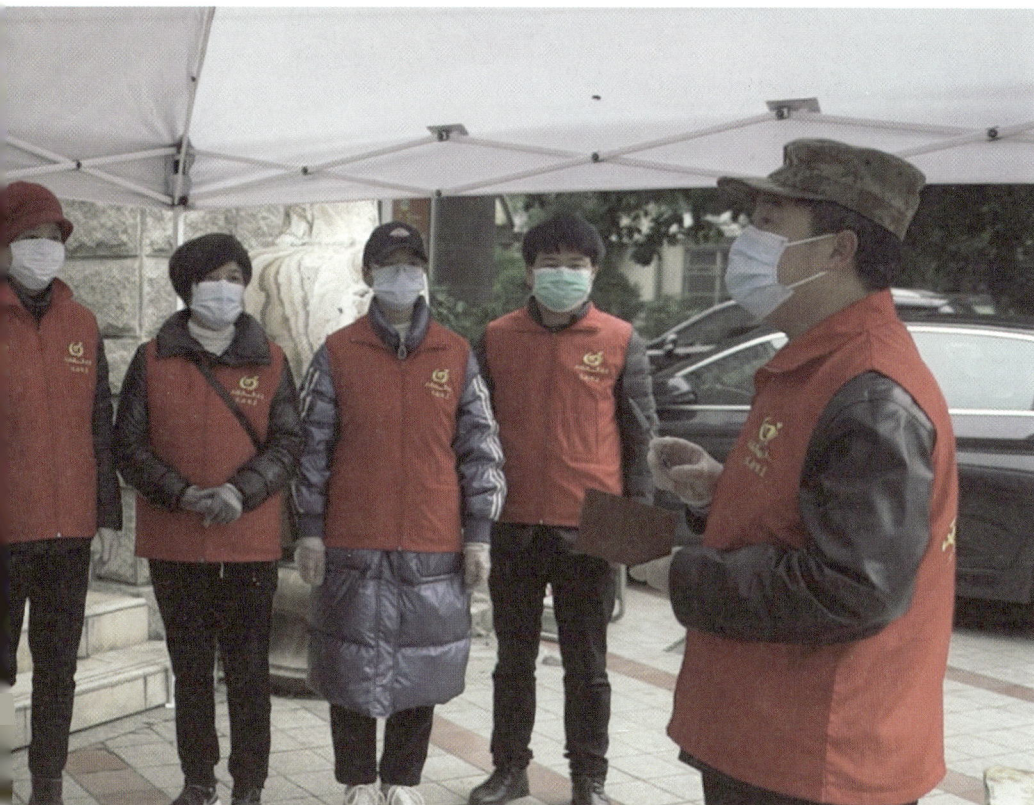

抗疫志愿者

居民资料进行了更新，做到了底数清、情况明。电子表格可以做到实时动态更新，纸质文档留作资料备查，这给网格员开展工作提供了极大的便利。疫情防控期间，每天把从疫情严重地区返杭的居家隔离户进行汇总，形成日报表，报送街道和全体居民，透明清晰的表格让大家及时掌握疫情的变化，每天新增的隔离人数和解除隔离的人数都一目了然，这也给大家吃了一颗定心丸。

信访舆情宣传组的吴清淑针对居民的投诉和意见进行沟通和调解。为了最大限度减少感染机会，湖畔社区于1月26日开始在各个小区实行

党员志愿者抗击疫情

封闭式管理，包括快递员和外卖员在内的外来人员都一律不得进入小区。开始时大家觉得有诸多不便，管控措施太严格，有的人有意见。部分回杭居民不愿意配合居家隔离，甚至有两位不明人员翻墙进入小区，引发业主群里大讨论，联系派出所处置突发情况等等。信访舆情宣传组积极做好居民解释安抚工作，最大限度减少居民信访数量，将矛盾化解在一线。向各媒体实时提供社区在抗击疫情当中涌现出的好人好事和正能量事迹，撰写工作汇报并上报街道，对居民的疑问及时解答，对谣言则坚决辟谣，为居民提供真实有效的抗疫信息。

隔离人员及为老服务组的陈卫、童兴宁，为了方便服务居家隔离人员，建立温台地区返杭居家隔离微信群，群里共有60多户人家。同时把需要特殊照顾的老年人也纳入管理，指派出年轻、责任心强的"80后"

社工范一敏担任群主。她从挨个加微信指导建群开始，告知他们每天在群里接龙上报体温，有快递或垃圾需要工作人员上门帮忙的，也在群里上报，每天在群里做好这些日常工作。每天，范一敏将群里的信息进行汇总，做好记录，分配任务，做好汇报反馈。细心周到的服务得到了隔离户的理解和支持，解除隔离的居民还给社区写来感谢信，送来慰问水果。为了服务好独居空巢的高龄老人，社区工作人员定期给他们送菜，送防护品，打电话关心生活情况，让他们在家安心、放心。

后勤保障机动组由社区的两位男同胞王伟成、冯志宾组成，本组工作对体力要求比较高。查商铺，搭帐篷，运物资，上门排查出租户，贴通知，给老人配药、送菜，只要一个通知，他们立马采取行动。不管刮风下雨，天气寒冷，都奔跑在一线。通过分工协作，每个人都能各司其职，虽然忙碌，却是有序推进，他们放弃了休息时间，没有周末也没有节日，不管是中午还是下班后的时间，只要有任务就立即去行动，没有抱怨，只有责任。

充满力量的暖流流淌至城市的最深处，直抵抗疫的最前线。在湖畔社区党委领导下，湖畔花园临时党支部第一时间组织党员成立了防控红马甲志愿服务队，体现了党员的先锋带头作用。湖畔花园业委会副主任谭好奇是社区骨干志愿者，也是一名转业军人。在他的带领下，志愿者有序开展工作，虽然冬日严寒下着雨，也挡不住他们抗击疫情，保卫家园平安的决心。志愿者们配合湖畔社区在湖畔花园南大门开展进出人员和车辆登记，量体温，发放出入证，管理外卖快递，维护正常秩序等工作。每天服务结束以后，谭好奇队长还会在微信群发布一天下来的工作情况汇报和总结，鼓舞志愿者们的士气，肯定大家的付出。

抗疫红马甲吹响了集结号，更多的党员志愿者加入到抗疫志愿者队

志愿者顾勤

伍中来。各个小区的一些在职党员志愿者，社区侨联的年轻成员们，文体团队骨干等也纷纷加入到抗击疫情的队伍中。他们平时对社区服务工作比较了解，疫情发生以来，他们便主动协助社区一起上门排查出租户，张贴各种通知信息，在大门口协助门岗登记等等，有了他们的加入，社区物业各个门岗的人力得到了加强，居民反应的很多问题逐步得到解决。

抗击疫情有两个阵地，一个是医院救死扶伤阵地，一个是社区防控阵地。正是社区党员干部坚守一线、坚守岗位、坚守职责，科学统筹社区内部防疫资源，积极联系社区外部支援力量，激发士气、鼓舞人心，增强社区居民战胜疫情的信心；正是社区党组织坚决发挥战斗堡垒的超强战斗力，才激励广大干部，引导普通党员，发挥"无我"精神，在事关人民安危的关键时刻，挺身而出，奉献在前，扎实工作。

同时，在抗击疫情中还要感谢社区居民的理解和奉献。居民们积极响应号召，密切配合社区工作，顾全大局，守望相助，开启了长达两个多月的居家隔离。每扇窗后的坚守，都是捍卫家园的战斗。他们用自己的汗水和泪水、坚忍和奉献，汇集起如海一般深沉的中国力量，点亮战胜疫情的希望之光。还有很多的热心居民陆续送来了"爱心抗疫物资"。业主万剑刚委托其父送来急需的口罩；业主徐志明送来25斤消毒酒精；赵桂亮送来清热解毒的牡丹花芯茶；做外贸的王晓真送来了1000双一次性手套；业主褚晓瑾送来一批一次性雨衣；还有好几位业主送来泡面等食品，放下就走，不肯留名；也有解除隔离的住户为工作人员送牛奶和水果等。

有阴影的地方，必定有光。新冠肺炎疫情，是人类在迈入2020年之际，共同面临的又一场大考。在这场严峻考验中，人们看到了直面风雨的坚强脊梁，看到了共克时艰的磅礴力量，看到了休戚与共的责任担当。

第五篇 创新志愿者服务

　　"有时间做志愿者,有困难找志愿者""我为人人、人人为我"。近年来,"志愿服务"四个字日益深入人心、耳熟能详。湖畔社区志愿者服务站正式成立于2008年6月,由社区党支部书记兼任服务站站长,服务站下属10余支志愿者队伍:爱德华英语俱乐部、党员先锋志愿者服务队、平安巡逻志愿者服务队、居家养老志愿者服务队、文体志愿者服务队、共建单位志愿者服务队、青少年志愿者服务队、妇女志愿者服务队、湖畔快乐乒乓球俱乐部等。目前已经注册的志愿者达500余人。平时积极组织志愿者使用志愿汇App平台,累计签到信用时数达85500小时。

爱德华（右一）与英语俱乐部学员在室外进行交流

2007年，湖畔社区英语班全体学员与老师共庆端午节

　　湖畔社区志愿者服务站以多样的方式向社区居民开展服务。自社区成立以来，湖畔社区以打造先锋社区为目标，坚持科学发展观，以"区域化党建、多元化管理、组团式服务"为思路，坚持主动作为，整合资源，创新载体，进一步提升了社区综合管理和公共服务水平，营造了文明、和谐、温馨的家园。志愿者服务是一项个体化、日常化、群众化以及长期化的工作，融入社区日常的每一项服务工作中。社区志愿者服务站是服务群众的基层平台。志愿者从我做起、从点滴做起。在工作中、生活中、服务中帮助他人，在细节中温暖群众。

　　积善成德，明德惟馨。志愿服务队伍的扩大使"奉献、友爱、互助、进步"志愿服务精神成为社会新风尚，让文明之光更加闪耀。

第一节　爱德华：英语俱乐部创始人

湖畔社区最具特色的志愿者工作室，就是创建于2005年6月的爱德华英语俱乐部，由澳大利亚人爱德华老师和杭州师范大学林小平老师共同创办。俱乐部以创建学习型社区为目标，以倡导终身学习为理念，以知明、行笃、求诚、致广为宗旨，以整合社区教育资源，拓展学习方式为手段，提高了社区居民的文化素养，促进了和谐社区、品质生活的建设。

2009年，爱德华入选杭州市"十大平民英雄"候选人。2011年至

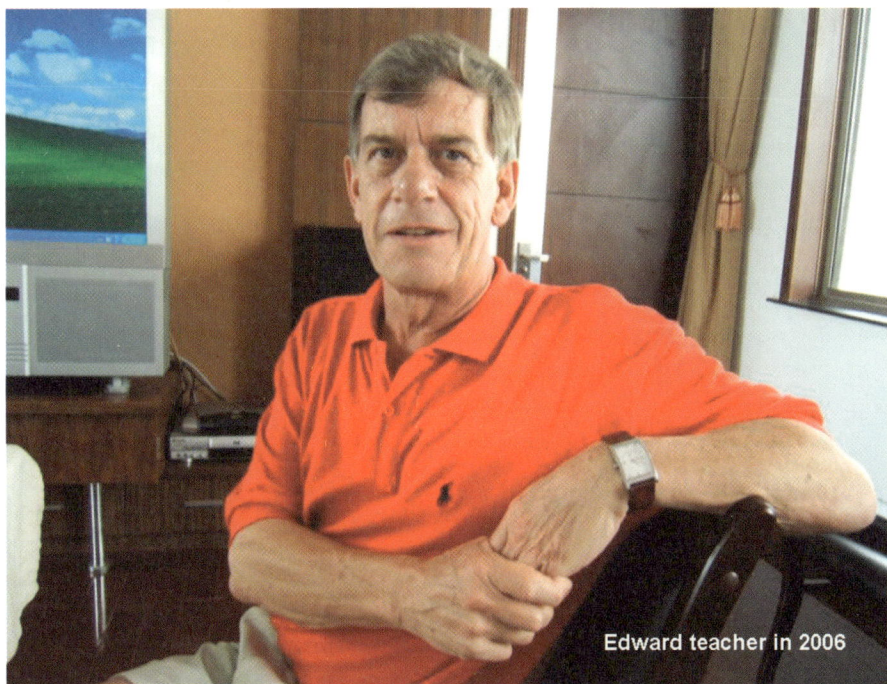

Edward teacher in 2006

爱德华2006年在湖畔社区

爱德华英语俱乐
部活动

爱德华（左三）
和学员们一起庆
祝端午节

2008年，湖畔社区爱德华英语俱乐部正式挂牌

2013年，爱德华英语俱乐部连续荣获"杭州市示范社区居民学习共同体"称号。2011年8月，爱德华英语俱乐部被评为西湖区三全十服务特色工作室。在文新街道辉煌十年晚会"感动文新十大人物"的评选现场，爱德华对着摄像机镜头深情地说："在湖畔的小区里我感到了不一样的快乐，没有一个外国人像我这样能够这么深入地融入中国的老百姓当中，我感到非常幸福。"2013年4月，爱德华被评为"西湖区十大美丽幸福人物"之一。

爱德华与湖畔社区的缘分还得从2005年说起，刚搬来社区不久的爱德华在小区散步时，路过游泳池边的社区办公楼，萌生了为社区做一点

爱德华（右三）在上课

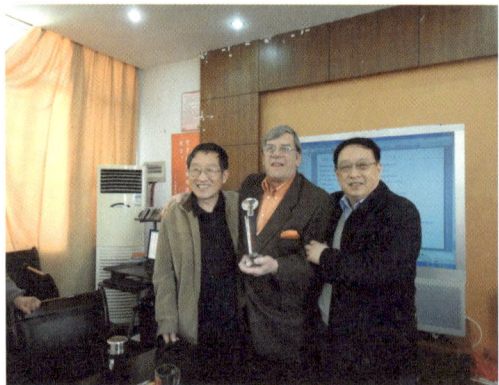

爱德华（中）获得2013年西湖区最美志愿者

事的想法，因为他觉得他把家扎根在了湖畔，那么社区的事就变成了自己的家事。

在老先生的主动请缨下，2005年6月，爱德华英语俱乐部开课了，每周一的下午2点至4点义务为辖区居民授课。在课堂上，爱德华将上课变成了一件快乐的事。那些枯燥的语法和单词变得灵动起来，就像一串串跳动的音符，把学员们深深地吸引住了。

在课堂上，爱德华亲切地叫着他给学生们取的英文名。学员们发言也变得积极起来，课堂形成了良好的互动氛围，每周欢乐的课堂时间被学员们戏称为一次学习型的相聚。

爱德华的上课方式可以说是花样百出。他上课一般没有固定的主题，经常是学生要求讲什么，他就教他们什么。比如，有一个60多岁的退休工人，从没学过英语，他的女儿在新西兰留学，他想学一些常用的英语口语以便看望女儿时能与周边邻居交谈交谈。爱德华就教他日常用语，从打招呼到聊天气，一点一点耐心地教他发音，不厌其烦，直到他能比较正确地进行简单日常对话，爱德华才"放心他出国"。

爱德华授课的地点也不固定。除了在社区提供的教室里，他还经常会像带着家人出游一样，组织学员们到大自然里去学习。西溪湿地里、西湖边的游船上、三台山的茶楼内都是他的"英语课堂"。春天到了，他喜欢带着学员来到西湖边和着习习的凉风，品着香醇的西湖龙井茶，讲茶故事，聊茶文化，比较东西方的饮料文化。在看似寻常的闲聊中，让学员们学到新知识，在不同的语境中锻炼更纯正的口语。到了端午节，学员们也会把老师请来。当香喷喷的粽子出锅，当居民们给爱德华挂上带着雄黄香味的香囊时，他乐得手舞足蹈，开心得像个小孩子。每到平安夜，居民们都会聚在一起，给爱德华"过年"，爱德华特别感动。大家拍着手一起唱《Jingle Bells》，戴上圣诞老人的帽子，把礼物挂在圣诞树上，用英语互相问候，其乐融融。

在湖畔社区这里，可爱的居民都尊称爱德华老师一声"爱德华先生"，这里包含着两层含义：一是对老师的敬重；二是自古以来教书匠就有"先生"这一尊称。曾经有社区居民问爱德华老师："你退休后还会来教我们吗？"爱德华老师斩钉截铁地回答："当然会来的，我已经把湖畔社区当作我在中国的家了，和你们相处让我感到家的温馨。"

在这间小小的课堂里，从小到8岁的学龄孩童至大到80岁耄耋老人，都和爱德华老师结下了不解之缘。他形象生动的教学风格、轻松活泼的教学氛围、耐心细致的教学讲解，都给学员们留下了深刻的印象。尽管爱德华老师在学校的教学任务很重，但他坚持每周一把时间腾出来前来授课。湖畔花园的小区里，只要是提起这位可爱的洋义工，居民们都会情不自禁地竖起大拇指称他是个称职的好老师。

虽然来自千里之外的异国，可是爱德华却特别喜欢中国的历史和文化，喜欢游历中国的名胜古迹，结交南北各方朋友。每次回国，爱德华总要拉上一大帮亲戚朋友聊在中国的见闻，说到高兴的时候滔滔不绝，眉飞色舞。他更喜欢中国的特色工艺品、民间小玩意,经常会给澳大利亚的亲朋好友寄回一大箱子的中国结、灯笼、手工扇子等。他不仅带来了异国热情,还坚持连续8年为湖畔社区的居民免费授课,风雨无阻,乐此不疲,他是广受童叟爱戴的"顽童先生"。可是,2013年起,爱德华的腰病越来越严重,行走都困难。为了他的健康,爱德华的中国妻子海珍劝说他到上海一起生活,便于治病和照料。2013年6月12日,爱德华完成了他在湖畔社区的最后一堂英语课,随后去上海休养。

2017年8月,身在澳大利亚的爱德华病重,他用视频的形式向爱德华英语俱乐部的新老朋友们告别。他深情地说,和俱乐部朋友们在一起的日子是他一生中最难忘、最珍贵的时光。他还希望认识和不认识的朋友们珍惜时间,做自己认为有意义的事。

他插着吸氧管,一字一顿地说:"医生告诉我没有多少时间了,再见!再见!我的朋友们!"

第二节　林小平：湖畔社区的"林外公"

"Nice to meet you""Can I help you"……如果你去湖畔社区，不少老年人，都能用英语聊上两句。退休了才起步学英语，有一个好老师很关键。

林小平出生于1946年，是一名中共党员，退休前是杭州师范大学

林小平老师上课

爱德华（左）、林小平（右）两位老搭档、好朋友

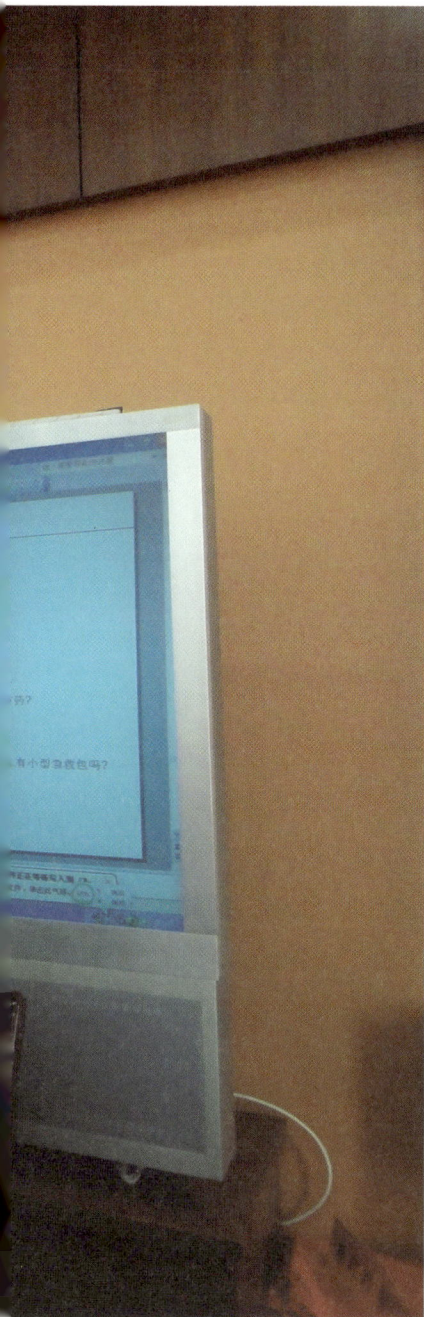

的英语教师。2005年，刚搬到湖畔花园不久的爱德华把为社区做一点事的想法告诉他的杭师大同事林小平。林小平同爱德华一起找到湖畔社区领导，提出想开办一个社区英语培训班，为爱好英语的邻居们免费教授英语。这个想法立即得到了社区的大力支持，也得到了许多邻居们的热烈欢迎。经过一系列前期的筹划和准备，爱德华英语俱乐部在湖畔社区二楼市民学校正式开课。

由于爱德华的中文口语能力比较欠缺，上课时林小平会在身旁协助他做些翻译工作。道地的美式英语加上深入浅出的中式翻译，这样一中一西的组合让课堂教学达到了良好的效果。2013年，爱德华因为身体原因不得不放下教鞭，林小平义无反顾地接过教鞭，独自上课。他以极大的耐心和热情，满足不同年龄段学员的需要。每次上课前，林小平都下足功夫备课，在家里准备好PPT等材料，平日听到的有趣新闻，也一并收集起来跟大家分享。他的敬业精神得到了广大学员们的高度赞誉。2015年，他被西湖区评为最美志愿者。

"像我们这些年纪大的人，从来没学过，一点都不会。林老师不厌其烦一遍遍地教我们，很耐心、很细心。"

"我记性差，就把林老师教的英语写在纸上，这样回家了也能继续学习。"

"林老师给了我孩子最好的英语启蒙。"

走进湖畔社区，说起林小平老师，居民们纷纷竖起大拇指。他把自己的知识毫不吝啬地传授给有需要的人，其严谨治学的敬业精神得到了居民的高度赞誉。

林小平的英语课在整个文新街道都很有名气。除了湖畔社区的居民，附近小区的居民甚至其他城区的学员都会慕名而来。上课时，由于学员太多，有时候椅子都不够，来得晚的人只能站着听课，但大家依然听得兴致勃勃。

"有人觉得做这样的志愿工作压力不小，在我看来，大家都是集体大家庭的成员，邻里之间多照顾也是应当的。"

林小平退休后，正是秉持这种信念，在社会的各个角落发挥自己的能量。他把社区志愿工作当成自己退休后的另一番事业，以强烈的责任感与乐于奉献的精神做好关心社区工作。作为湖畔社区关工委"五老"志愿者，林小平有丰富的青少年教育经验。他把德育和文化教育有机地结合，不仅教学生如何学习，更教他们如何做人。教育孩子成为积极向上，乐观开

朗的人。家长们都特别放心把孩子交给他，孩子们还亲切地叫林老师为"林外公"。

　　林小平身兼多职，却乐此不疲，一干就是十多年。他用自己力所能及的服务，温暖了别人，也照亮了自己多彩的人生。他把一个共产党员

2015年，林小平（左二）被西湖区评为最美志愿者

对党的忠诚化为博大的爱，无私地奉献给百姓，奉献给社会，赢得了广泛赞誉。

莫道桑榆晚，为霞尚满天。林小平说："老有所为，尽可能多地继续为社会发光发热。能在退休以后还发挥自己的特长，为社区做一点贡献，很开心，也很满足，只要大家需要我，我就会继续做下去。"

第三节　王际浙：志愿精神代代相传

"王老师，您辛苦了，祝您教师节节日快乐！" 2019年教师节，湖畔社区党委书记花丽姝捧着一束鲜花来到了湖畔社区的英语课堂，课堂上顿时响起了阵阵掌声，这天是湖畔社区英语俱乐部开学的日子。

王际浙是爱德华俱乐部最早的一批学生。2015年，随着原来的英语老师相继离开，俱乐部面临断档的窘境，王际浙便主动接过了教鞭。由于学员们经常记不住所学内容，他便根据自己的学习心得，更新培训方法。王际浙每

王际浙（左）

王际浙（右一）上课

王际浙（第二排左四）参加社区座谈会

次上课总是第一个到教室，带着大家读英语，练习对话，一上就是一下午的时间，经常忘记了下课。

王际浙的本职工作是杭州一家培训机构的英语老师。但是每周一下午，他都没让培训机构排课，因为他要给社区里这些平均年龄约60岁的大伯大妈们上课。王际浙说，他自学英语40年，经常去西湖边六公园的英语角练习口语，还是马云的"角友"。他认为英语口语要靠不断练习，于是就领着学员们大声朗读，颇有点"疯狂英语"的味道。而更重要的原因是，这样可以让大家敢于说英语。

班长沈丽媛阿姨说："一开始感觉学英语不太敢开口，但是有一次和老伴去国外旅游，当地导游分发雨披的时候，我想要自己喜欢的红色，我就自然地说出了red这个词，拿到了红色雨披的时候感觉好有成就感，我可以不依靠翻译表达自己的需要了！"

王际浙说，一开始大家还只能在特定情境中用用句子，但学了将近三个月，学员们已经开始争先恐后地用英语表述日常生活，比如上菜市场买菜与老板娘如何讨价还价，甚至还用英语介绍自己家乡的节日和小吃……

王际浙的英语并非科班出身。"我就觉得这个语言太有趣了。"一开始，王际浙也是自己背单词，读句子，自己和自己对话，后来有了一定的词汇积累，便找各种机会，跑到杭州各个英语角，去和别人练习。西湖六公园鼎鼎有名的英语角，王际浙也是常客。"我还在英语角和马云一起练过英语，那时他还没创建阿里巴巴呢。"可英语角的口语练习对手流动性太大，王际浙开始试图寻找在杭州生活的老外。2007年，他知道了湖畔社区的爱德华英语俱乐部。王际浙那时只要有空，必定会去爱德华的课上报到。渐渐地，他发现可以听懂并能准确翻译出爱德华授课的所有内容。

后来爱德华回国，林小平又要养病，一时间爱德华英语俱乐部找不到固定的志愿者老师。2012年，王际浙主动请缨，通过林小平的测试，成功上岗。杭州G20峰会期间，王际浙编写了个小册子，特意写了16篇介绍杭州旅游景点和文化的英语小课文。内容从杭州的城名由来，聊到西湖、钱塘江，从杭州城里的红色公共自行车说到杭州人最爱的农家乐，跟大家一起分享。

爱德华英语俱乐部成立至今，已经累计培训14000余人次。王际浙表示，如果条件允许，他会继续在这里免费教授英语，把这种志愿精神接力下去。

第四节　王月求：将志愿者进行到底

王月求是居住在湖畔社区的一名普通退休老人，也是社区的一名志愿者，说起入党，那是她退休之后的最重要的一件大事。

"你都一把年纪了还入党干什么啊？好好享受老年生活好了，还去受那约束？"当她提出入党申请的时候，她的家人们提出了不同意见。王月求当时坚决地说："不，这是我一辈子的心愿，哪怕老了，也要完成。"

王月求第一次萌发入党的愿望是在2011年。有一次她在小区里看到社区组织党员们在捡垃圾、擦栏杆，她就上前去问："不是党员，能参

王月求（左二）

王月求

加志愿者吗？"湖畔社区党委书记花丽姝说："大姐，您想要入党也可以啊！"也许是一句玩笑话，王月求却放在了心上，年轻时就想入党但没有机会，如今社区说还可以入党，那就去试试。

2011年12月，王月求正式递交了入党申请书。写入党申请书，她整整花费了一天的时间。

"我向女儿请教，女儿从网上下载了一篇范文说你抄一下，我觉得不妥。于是，我自己看着范文再慢慢修改，加上自己的想法，许久不动笔写字的我把自己关在书房里整整一天。"王月求说。交了入党申请书后，社区非常支持，2012年6月就安排她参加了西湖区党校的学习。参加党校学习的多数都是年轻人，她是年纪最大的，其他人都向她投来诧异的目光。王月求却很自豪，跟着年轻人一起上课，她感觉自己也变得年轻了。"考试的时候我比任何人都认真，提早复习，晚上看书看到半夜，老伴笑话我要去参加高考了。我第一次考就顺利通过，拿着党校的结业证书，我的成就感油然而生。"

参加完党校学习，顺利结业后，王月求觉得自己离入党更近了一步。"当然我知道入党的路还很长，通过学习，我对党的性质、纲领、宗旨、指导思想、组织原则和纪律、党员条件等党的基本知识有了比较系统的了解，提高了对党的认识，懂得了怎样争取做一名共产党员。"王月求说。她有了更多的时间和机会接触到身边的党员，积极参加社区组织的党员理论学习和培训，上党课，参与社区的公益活动，在湖畔社区、桂花园、西溪诚园都担任了志愿者，在桂花园社区教居民做丝网花。在端午节、腊八节、元宵节等节日的活动中，她都积极参与便民服务活动，被评为社区优秀志愿者。同时，她还积极参与社区的红十字会捐款和献爱心的活动。

2016年举办杭州G20峰会时，王月求加入志愿者的队伍，参加了社区的平安巡逻、河道巡查和公交站点的执勤活动。"每当我戴上红袖章，穿上红马甲在社区巡逻的时候，我的责任感和使命感就油然而生，我更意识到我就是一名为人民群众服务的党员。把自己家里的大事小事先放一边，社区的事情放在前面，因为戴上红袖章就有了一份责任，一份使命，发挥先锋带头作用。"王月求说。

2017年12月，经过几年的漫长考验，王月求终于完成了入党转正，正式成为了一名共产党员。她也是社区目前年龄最大的新党员。

"家人们看着我成功入党，都对我另眼相看，也更加支持我参与社区的志愿者行动。我想只要我干得动，就一直要做好志愿者，将志愿者进行到底。"王月求说。

第五节 黄身健：做好每一件平凡的小事

"居民的需求在哪里，我们的工作就在哪里。社区环境好了，邻里之间熟悉了，怎么样才能更好为群众提供精准化、精细化的服务呢？"湖畔花园南区支部的支部书记黄身健经常这么问自己。

黄身健已经七十多岁了，退休后，他就一直倾心为社区服务。黄身健平时喜欢打乒乓球，是湖畔社区快乐乒乓球俱乐部的骨干，社区连续七年的"邻里杯"乒乓球比赛，都是他和社工一起张罗的，从人员分组到制定规则、担任裁判，都由他一手操办。后来，俱乐部承接了文新街道中老年乒乓球公益创投的项目，他便主动担任教练给乒乓球爱好者们授课，广受好评。

黄身健还有一个更重要的角色，那就是湖畔花园的业委会主任，2016年湖畔花园业委会换届选举，黄身健高票当选，自从当上业委会主任，业委会办公室就成了他的第二个家。他在办公室的时间比上班族上班时间还长，居民只要有事情找他，都能在办公室看到他的身影。办公室还悬挂着黄身健书写的"和气生辉"四字，这也是他为人处世的座右铭。

"既然大家选了我，我就要对湖畔花园2000多户居民负责，要为大家做点实事。"黄身健说。湖畔花园是老小区，停车位不足，因停车位引发的矛盾也很多。黄身健排除众多困难，通过民主投票决定实施了先到先停政策，维护了绝大多数人的权益。停车矛盾缓解了，一些既得利益受损者却质疑他，经常去找他麻烦，他都把压力独自承担了下来。他

黄身健（左六）给乒乓球爱好者授课

黄身健（左一）

遇见过许多质疑和误解，但通过不懈努力，他最终收获了由衷的认可和敬佩。

小区各种设施都越来越陈旧，黄身健就着手协调，一项一项落实。如今，中心花园的凉亭修葺一新，新的儿童游乐设施一应俱全，小区还更换了指示牌，修缮了西校门，安装了新的门禁保障小区的安全，居民们看在眼里，乐在心里。

2019年，文新街道的文化家园项目落地湖畔花园会馆，涉及民生福祉，黄身健多次参加社区的策划和协调会，拿出业委会原本出租的场地作为社区的阅读室，和街道、社区一起共同努力打造一个居民休闲、娱乐、健身活动的场所。

"也曾经有人问我，退休后，志愿干了十多年社区工作不烦吗？说实话，社区工作事无巨细，几乎每天都被鸡毛蒜皮、家长里短的小事充斥着。但既然选择了这一行，就要有任劳任怨、无私奉献的精神，用心倾注真情，用力好好干事，扎根基层，服务百姓。做好每一件平凡的小事就能成就不平凡的大事。"黄身健说。职务虽小，肩上的责任却不轻。他用坚定的信念、扎实的工作、质朴的情怀，完美诠释了社区工作者的为民初心。

第六篇　创新国际化社区

社区是城市最基本的生活单元，也是展示城市形象的重要窗口。当城市日益走向世界，社区也变得更开放、包容和友善。社区里，既有外来文化与本土文化的相互交融，又有不同文化之间的相互尊重，国际化社区正成为多元文化共存、交融、发展的精神家园。

随着杭州G20峰会的召开以及一些重大赛事在杭州的举行，杭州的知名度、美誉度越来越高，城市国际化建设力度也不断加大。一座国际化的城市，要有国际化的社区人居环境。良好的环境，既体现在文化的包容上，也体现在环境的宜居上。做好国际化社区建设工作既是拓展城市功能定位，吸引海外人士创业就业、观光旅游的需要，也是提升杭州城市管理与服务的重要途径。

面对日益凸显的国际化趋势，特别是城市居住人口的国际化，湖畔社区积极适应城市发展的新要求和中外居民的新期待，以国际化的视野和标准打造高品质国际化生活社区。

侨眷参加唱响祖国文艺汇演

第一节 做好"四个优化"：侨眷生活更便捷

没有社区的国际化就没有杭州的国际化，随着杭州国际化程度越来越高，城市国际化的基础工程必须加以推进，其中国际化社区的打造正是基础工程的重要部分。

为了打造新型国际化社区，给侨眷提供更优质便捷的服务，湖畔社区坚持做到 "四个优化"。通过社区服务，能给归侨和侨眷送去党和政府的关怀，切实增强他们对社区的归属感，通过侨眷为社区服务，体现"侨有优势、侨是资源"，发挥侨务资源对社区建设的推进作用，有利于调动社区开展侨联工作的积极性。形成"社区为侨服务好，侨为社区贡献多"的良好局面。

优化侨务领导班子。明确"贴心人""实干家"的侨务工作者要求，将社区侨联工作纳入社区党委、居委会工作范畴，使其成为社区党建和社区自治的重要组成部分。同时，社区制定了具体详细的侨联工作计划，制订侨胞眷属联谊会章程，明确社区侨联工作目标任务和措施。

优化组织网络。成立侨胞眷属联谊会，由党委书记花丽姝担任会长，聘请热心社区工作且有一定影响的侨眷顾勤担任副会长，社区副书记陈治香担任秘书长，并建立由居民小组长、侨眷、归侨、党员骨干等组成的侨联工作联络网，形成横向到边、纵向到底的组织网络，使社区侨联工作形成有人抓、有人干的良好局面，为社区侨联工作奠定了基础。

优化组织机制。开展侨情工作调查，逐个上门调查、走访、登记，召开座谈会和利用人口普查资料，摸清侨情，并建立详细规范的侨联工作台账，建立侨联工作五项制度，即工作例会学习制度、联系走访和接待制度、情况通报制度、联谊服务制度、台账制度。用制度来规范工作，为社区侨联工作打实基础，让侨眷感受到更便捷的杭州生活。

同时，社区还积极动员组织侨眷、留学生家属以社区主人翁的姿态参与社区自治事务以及各种公益活动，发表自己的观点，贡献自身的力量。如留学生家属徐晓波，儿子在美国求学，她赋闲在家。于是她主动加入小区业主委员会担任会计，为居民算好每一笔账。侨眷孙一平、李丽君、张超，积极参加社区的各项活动，包括社区居委会组织换届选举等社区重大活动，还在小区车辆停放、湖畔花园中心花园凉亭维修等问题上，及时与业主委员会和社区沟通，并献计献策，也为社区和谐起到了积极的作用。现在，归侨、侨眷和海外友人已成为湖畔社区和谐建设的生力军，在社区创建"学习型社区""美丽小区"以及"垃圾分类示范小区"等过程中，献计献策，表现出极大热情，积极参与社区建设。

社区荣誉

侨联联欢

第二节　架起"四座桥梁"：文化交融有共鸣

更加开放、多元、包容的社区文化，是国际化社区的一个重要特点。由于外籍居民在社区占据一定比例，不同国籍、种族、民族、文化背景、思维方式、社区理念的成员交汇共生，既有外来文化与本土文化的相互交融，又有不同外来文化之间的相互尊重，使国际化社区成为多元文化共存、交融、发展的精神家园。这就需要积极开展各类中外文化交流活动，提升国际化社区融合度，增强社会文化开放性，推动国际文化交流与合作，既要体现"洋为中用"的"舶来文化"元素，又能展示杭州传统文化特点。在国际化社区中，居民能够在发扬自己传统文明优势的同时，去学习、借鉴其他文明。

为了培养侨界人士的社区认同感、归属感，湖畔社区构筑起"四座桥梁"。

凝侨心，架起友谊之桥。"每逢佳节倍思亲"，每到过年过节，社

侨联联欢

区侨联都会组织开展丰富多彩的联谊活动：腊八节送腊八粥，春节送春联，元宵节吃汤圆，端午节包粽子，中秋节做月饼。通过形式多样的节日活动，营造温馨欢乐的社区大家庭氛围，吸引他们走出家门，融入社区。湖畔社区侨联在杭州乒乓球协会的支持下，组织开展了"中尼乒乓球友谊交流赛"，邀请了在杭学习集训的尼日尔国家乒乓球队和湖畔社区快乐乒乓球俱乐部的会员们一起切磋球技，共叙友情。

系侨情，架起爱心之桥。几乎每一年，上级有关部门领导都会专程来社区对侨眷代表进行慰问，送上一份党和政府对侨界人士的关怀。领导的关怀也激发了侨眷们奉献的爱心和回报社会的热情。有的侨眷每年都会参加社区组织的捐款、捐衣、捐物活动，尽自己的能力帮助特困家庭以及社区残疾人，并一再强调不要留名，只想表达一点心意。

创文明，架起文化之桥。湖畔社区侨海家园以实现中国梦作为思想引领，围绕"幸福家园，和谐筑家"文化建设理念，建成了梦想书屋。现在，书屋不仅有丰富的藏书，还经常开展读书会和其他文化交流活动。

聚侨力，架起沟通之桥。社区邀请侨界人士史全玉、张超担任社区党风、廉风的监督员，评议员，居民代表大会代表，楼组长等。通过经常性召开侨界人士座谈会，让侨界人士了解社区工作，同时听取他们对社区建设的意见和建议，使之直接参与社区的建设，成为活跃在社区三个文明建设中的骨干力量。

湖畔社区通过开展丰富多样的文化交流活动，不断拉近中外居民的距离。同时，社区在中国的传统节日中加入"洋"元素，如"外国人眼中的春节"活动、元宵节英语灯谜、中秋团圆宴等，吸引了不少外国友人的参与，让不同的社区居民群体在共同的文化活动中产生共鸣。

第三节 "软硬兼备"，提升国际化社区水平

国际化社区成员结构的复杂性决定了其对社区生活设施需求的复杂性与多样性，以及对社区治理和服务体系需求的多元化与高标准。相对本土社区，国际化社区应该参照国际化标准建设和管理，要具备良好的规划建设、完善的公共服务设施、高品质的居住环境、先进的物业管理以及具有国际化社区特质的社区治理模式。可见，国际化社区建设是一个"软硬兼备"的工程，不是要把社区的硬件简单地仿制国外建筑，也不是让社区居民都去学英文，更多的还是要看整个城市是否有文化包容氛围，国际友人能不能更好地融入到我们的城市中来。

湖畔社区侨联换届选举大会

市侨联联欢

侨眷参加社区"醉美三月女人节"活动

湖畔社区国际化社区建设的定位是通过接轨国际的基层治理理念和方式变革，让不同民族、不同地域的人能够在杭州这座城市融洽相处、融合发展。

湖畔社区带领工作人员完善一门式办事大厅的服务功能，提升服务人员水平。更新了社区双语标识牌，在服务大厅专门设置了涉外服务岗，通过专业社工、派出所协警的帮助，开展咨询等多种服务，满足国际人士的居住、生活、工作等的不同需求。湖畔社区鼓励社工学习第二语言，加强业务学习。社区现有持英语六级证书1人、四级证书1人，社会工作师10人（含中级职称5人）、国家二级心理咨询师1名。

湖畔社区还注重合理规划，努力发挥好各小区社区配套服务用房的功能。在政新花园开设中外文学图书阅览室，并委托浙江理工大学理翔社会工作服务中心承接中老年阅读培育项目。在春天花园建设了春天合唱队，由侨眷志愿者组织居民每周一次唱歌班。在湖畔花园坚持与业委会共建合作，建设乒乓球俱乐部，承接中老年乒乓球推广项目，吸引侨民参与国球技艺及文化交流。获得兴业银行资助的湖畔花园老年唱歌班每天开班，空巢侨眷志愿者成了老师，心有依托。

湖畔社区也积极提升国际化社区硬件水平。打造了520平方米的中外文化交流中心，该中心服务功能设置包括国球文化展示馆、地球村邻里书屋、中外文化交流小广场、家世界亲情树、湖畔外语角、中外文化交流社区大舞台等，"软硬兼备"的国际化社区氛围吸引着不少外国友人选择居住这里，建设这里。

第四节 国际化社区的多元治理新格局

　　社区国际化的最终目的，不仅是给国际友人提供方便，更是为了所有居民的生活环境得到显著提升。湖畔社区以杭州创建国际化社区为契机，在社区治理结构上主动接轨国际，从根本上实现社区治理从行政化向居民自治转型。

慰问老侨眷

侨联迎中秋节庆国庆座谈会

创新社区工作理念，实践多元化治理模式。国际化社区建设不仅需要社区内各主体之间分工协作，如中外居民、社区社会组织、辖区单位等，还要充分利用政府、社会和市场资源，如经济组织、医院、学校等，共同参与建设和治理，营造国际化大氛围。近年来，社区主动实践"三社联动"，争取"乐居公益""理翔社会服务"等社会组织资源服务社区需求。夯实"三位一体"服务模式，提升全体社工服务理念，满足中外居民更高层次需求。积极与名企阿里巴巴共建交流。组织社工前去阿里巴巴访问中心学习，也为阿里巴巴链接智慧用电服务资源，为企业提供安全保障。与社区医院共建，建立为侨服务家庭医生服务，为聊天室的侨友开展每周一次的健康咨询服务。与辖区幼儿园、小学共建，在中秋及寒暑假期间为国际友人送温暖、送演出。构建社区协商平台，引导居民自治。社区以国际化视野完善社区协商体系，继续深化政府部门、辖区单位、居民志愿者等多方参与的协调协同的居民自治管理机制，在协商涉及居民利益的社区公共事务或公益事业时，主动邀请涉外人士参与其中，听取他们的意见和建议，参考国外社区建设中的一些新理念和做法来建设社区。

充实社区网格力量，将国际资源纳入网格管理。"凝心聚力，亲情湖畔"党建特色工作一直是湖畔社区金字品牌。在社区党委的号召组织下，社区党员志愿者的引领下，文化素质高的侨眷纷纷加入到队伍中，组成了一支有110余人的"湖畔E家人"国际化志愿者团队，涉侨志愿者占比30%。他们中的一些人不仅分担起社区的兼职网格长、楼道长职责，带领大家在服务保障G20峰会、社区平安巡防、美丽社区创建、垃圾分类等行动中发挥了巨大的作用，也增进了外国友人对杭州平安建设的了解与支持。

按照网格化服务要求，社区将一些居民纳入定期走访范畴，向这些居民提供网格内各种便民利民服务。特别是社区的11位空巢独居高龄侨眷，他们的生活与安全让社区干部时刻挂怀。独居老人范加珠的儿子、女儿都久居美国，社区不仅安排助老员上门帮助她买菜、看病配药，还帮助结对邻里志愿者互相走动解乏。70多岁的周青老人，独生女儿久居澳大利亚。老人喜欢经常外出游乐，社工便通过微信与老人及孩子联系，老人进出也会主动在微信上报告个人动态。如今，网格社工和志愿者们的关心与关怀，成了他们在杭城得以依托和难以割舍的亲情。

"当下，我们要继续优化社区服务，增加社区居民自治功能，同时也要提升社区公共服务、专业服务、智慧服务水平，完善国际化、现代化社区要求的精准优质服务。"湖畔社区党委书记花丽姝说。国际化、现代化社区建设的主要方向就是要建立以人为本、多方参与、多层协商、多元共治的体制，就是要建立服务优质，并具有国际化普惠特质的服务机制，最终打造出开放融合、服务完善、美丽和谐的社区新生态。

为侨眷庆祝"金婚"

第七篇　创新名人

如何用好名人名家资源，打造文化品牌，以文化引领和谐社区建设，为市民创造更加丰富、更高品质的文化生活？湖畔社区无疑走出了一条颇为成功的道路——让居住或工作在当地的文化名人作为社区文艺指导老师，借助名人的引领效应，提升社区的文化品质，增强居民的文化认同感和满意度。

二十年来，在湖畔社区的名人名家们或主持、或表演、或主讲、或评审、或指导，以各种方式参与社区文化活动，不仅见证了社区群文团队的成长壮大，更为社区群众文化的蓬勃发展做出了难能可贵的贡献。

孙鸿权制作牌匾

第一节　孙鸿权：西湖边的牌匾大多出自他手

杭州是著名的旅游城市，除了西子湖秀丽的山水风光外，更重要的还有浓厚的历史文化底蕴。别的不说，光是西湖边亭台楼阁上的各幅楹联、匾额，就给美丽的山水增添了无尽的诗情画意。

匾额习俗源远流长，其历史可追溯至秦汉，发展至明清广为应用，几乎称得上"凡有井水饮处，皆能见匾额"。杭州以历史文化悠久，城市风景秀丽，人杰地灵，人文荟萃而著称于世。杭州山水之中，亭台楼阁、佳联名句比比皆是，景点、建筑、室庐之中配上好的匾额、楹联才能相得益彰，匾额和楹联的发展在杭州具有深刻的历史意义。

人们做一块牌匾，总会想办法请书法名家来题字，而如何将这些名家书法的神韵通过刻刀体现出来，这就考验牌匾匠人的书法功底了。民国时期，杭州中山中路官巷口、众安桥、林司后一带是杭州手工艺集聚的地方，汇集了铜匠、锡器、竹匠、皮匠等传统手工艺，而孙氏匾额也正是在这一时期和这一地段繁荣发展起来的。

如今，杭州西湖边的楹联、匾额大多出自一位名叫孙鸿权的杭州老人之手。孙鸿权是湖畔社区的一名文化创新名人。他从小师承父亲孙桐生，5岁开始学习书法，8岁开始学习篆刻和匾额制作，这一学就足足63年。60多年来，他将一生的心血和精力都倾注在了对楹联、匾额的执着和热爱中。

孙氏匾额第一代传承人陈氏于民国期间在扇子巷设立"竹木铺"。第二代传承人孙桐生在林司后、众安桥、官巷口一带设立"裕森昌油漆

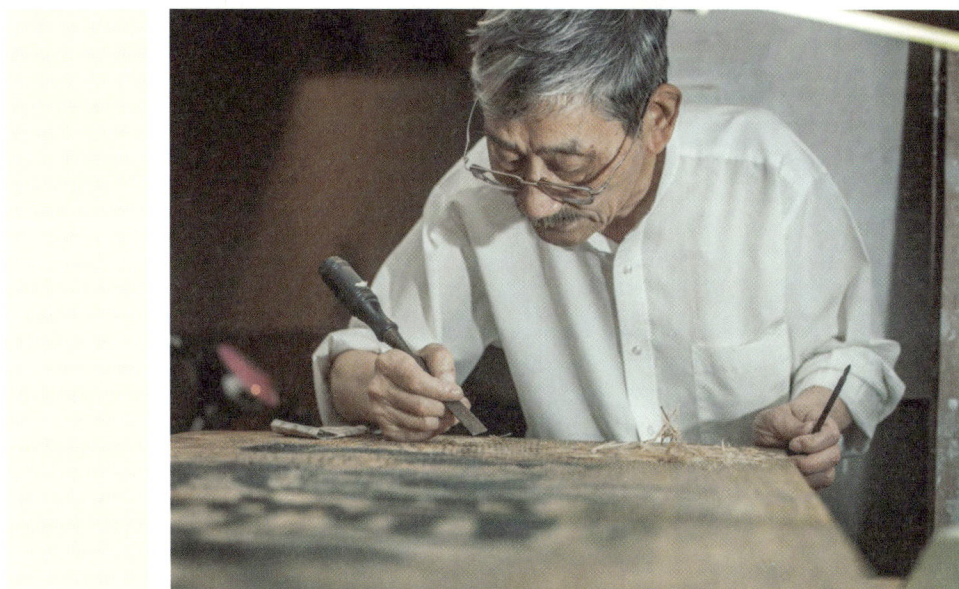

孙鸿权

铺"。第三代传承人孙鸿权在庆春中路开设"乐石斋工艺美术画廊"，后移居城西，在城西一带制作匾额、楹联。孙氏匾额采用全手工古法制作，历史悠久，起源于清朝，至今150余年。孙氏匾额采用堆沙、堆灰、贴金、浮雕等古法制匾额技艺，利用牛角、纯麻、夏布、瓦灰、生漆等古法工具进行制作，使匾额充分体现书写者的风格和韵味，显得字体耀眼醒目，立体感强。

早在1929年杭州西湖博览会召开时，展会所有匾额由孙氏匾额、楹联第一代传承人陈氏师傅制作。第二代传承人孙桐生在20世纪40年代至50年代，制作了灵隐寺"大雄宝殿""韬光寺"，以及"三潭印月""胡庆余堂"等名匾名联。第三代传承人孙鸿权于2000年为恢复举办的西湖博览会刻制了"米芾诗文"匾，气魄雄伟，雕刻精美。孙氏匾额为杭州文化名城建设刻下了浓厚一笔。

"这都是老手艺了，制作牌匾是一个要静下心来的工作。描字这一步很关键。书法家题字，往往是很随意的。我们要按照比例缩放，还要表现出他的运笔、笔锋、笔势，搞这个，懂书法很重要。"孙鸿权说，"制作牌匾不只是一门手艺活，还需要很深的文化功底。一定要静下心来，浮躁、不认真，都不能完成。"

为了弘扬传统文化，孙鸿权热心参加社区活动。他表示，中华传统文化是中华民族的宝贵财富。近年来，传统文化的传播与推广逐渐成为社会关注的话题，社区在文化传播中的作用不断显现。开展非物质文化遗产的相关社区活动，能够让广大居民了解、认识、喜爱悠久的中华传统文化，并将传统文化深深融入日常生活中，不断提升他们的文化素养。

第二节　张一平：浙派越调吟诵传承人

文化需要传承，吟诵也是阅读的一种方式。2019年9月20日下午，杭州市拱宸桥小学大礼堂内曲声悠悠，歌声扬扬。由浙江图书馆、杭州市拱宸桥小学联合举办的"书香雅韵童声同行"吟诵雅集在此荟萃。

开场节目是拱宸桥小学轻吟曼歌社团吟诵的《爱莲说》，以朗诵与吟诵相结合的表现方式，配合古典乐曲，相得益彰，一派古意盎然，仙气袭人。浙江图书馆吟诵班学员带来的《吟诵串烧》，吟诵艺术雅韵，抑扬顿挫，随情转腔，赢得了在场师生的热烈掌声。

"如今还有多少人会真正的越调吟诵？如果不去有意识地复兴，等我们这批老人都走了，'吟诵'将后继无人，成为绝学。" 浙江图书馆浙派越调公益培训班授课老师张一平说。

2019年初，浙江图书馆开展浙派越调吟诵培训班，邀请到81岁高龄的浙江省十佳公关教学工作者之一、浙派越调吟诵传承人张一平老师担任主讲。该培训班有12期公益课程。张一平口授心传，把越调吟诵的基本调和

张一平

张一平

表达技巧传授于学员。越调吟诵有十个基本调、八种小腔，吟调抑扬顿挫，跌宕起伏，小腔细腻、委婉，旋律流畅。以越调吟诵出来的诗文，其意境深远，韵味悠长。参加学习的有中小学教学骨干、大学教授、研究员、公务员、媒体工作者、浙图朗诵团骨干和各行各业的爱好者，大家学得不亦乐乎，欢声笑语中有着对吟诵艺术的好奇与热爱。"虽然12节课的教学已经结束，但吟诵的传承永远不会停止。"他还鼓励孩子们继续学好吟诵，让经典"咏"留传。

张一平是湖畔社区的文化名人，他长期钻研古越调，擅吟诵。诗人余光中生前曾谈到，中国文人吟诵诗文，多出之以乡音，反复感叹，抑扬顿挫，随情转腔，其调在"读"与"唱"之间，是学习、创作诗词最自然的方式。诗词大家叶嘉莹就坚持"诗歌一定要会吟诵，才能得到它的精华"，她曾发愿："我想在我离开世界以前，把即将失传的吟诵留给世界，留给那些真正的诗歌爱好者。"

越调吟诵，是浙江一带古越国老百姓几千年来一直传承的读书方式。它和越剧不同，越剧是戏曲表演，唱戏过程中偶会出现自己专门吟诗的调子，吟诵是从书桌边产生的读书调。吟诵也不同于唱歌，更不是朗诵。

张一平介绍，吟诵其实就是人们对汉语诗文的传统诵读方式，而实际听来有点像是用固定的曲调音乐来诵唱古典诗文。吟诵过程中，"吟"和"诵"往往结合、相间进行。事实上，不光是"吟诵"，古人将"唱、歌、吟、咏、讽、诵、读、念、哦、叹、哼、呻"等都划归在"读"的范畴之中。

鲁迅在他的《从百草园到三味书屋》里，曾描写过一番私塾中的场景："先生自己也念书。后来，我们的声音便低下去，静下去了，只有他还大声朗读着：'铁如意，指挥倜傥，一座皆惊呢——；金叵罗，颠倒淋漓噫，千杯未醉嗬……'"文字句末的那些毫无含义让人乍一看摸不着头脑的拟声词，其实就是先生在吟诵时的拖腔转化为文字后的产物。

张一平说，这与他的幼年记忆很是相似。他的父辈之中，有不少叔伯都是私塾、书院里的塾师，他们在教学生古诗文时，用的都是吟诵的方式。就连自己身为中医的父亲，在对张一平进行开蒙教育时，也是用吟诵的方式教他古诗文的。"虚岁五岁的时候，我父亲教了我孟浩然的《春晓》。"

吟诵在中国流传极广，各地都有分布，且因方言不同而形成多种流派。在一些地方，方言吟诵已成为非物质文化遗产。比如用常州话进行吟诵的"常州吟诵"已被列入国家级非物质文化遗产名录。张一平说，吟诵虽然被划归在传统音乐的门类当中，但其实吟诵横跨了文学、音乐和语言三门学科。有史料可考的"吴吟"始于战国。而据专家考证，

"常州吟诵"属吴吟的一种。值得一提的是，常州吟诵通常为个人表演，由吟诵者口头即兴创作，无谱可参。各吟诵传人"一人一调"，往往并不相同，但总体上都具有江南民间音乐的特点。

作为一种优秀的文化传统和传承方式的吟诵在几千年来发挥了巨大的作用，但在19世纪以来中华文化巨变的过程中，突然中断，淡出大众文化的视野。当今全面复兴的大业，促使传统文化、民族文化再生，使曾经深埋百余年的非遗瑰宝——中华吟诵重放异彩。目前，张一平正在为浙派越调吟诵申遗做准备。他希望这门艺术能够继续地流传下去。

第三节 梁伯琦：教育战线上活的罗健夫

2017年3月15日，湖畔社区办公室来了一位长者，他就是居民梁伯琦。梁伯琦带来了他写的一本书《师魂在我心中》，并将书赠送给社区的图书室。这本书于1994年第一次出版，重新整理后又于2016年再版，书中记录了梁伯琦的成长和求学经历以及三十多年的内蒙古鄂尔多斯教书生涯。

梁伯琦，1932年生于杭州，1957年从北京师范大学物理系毕业

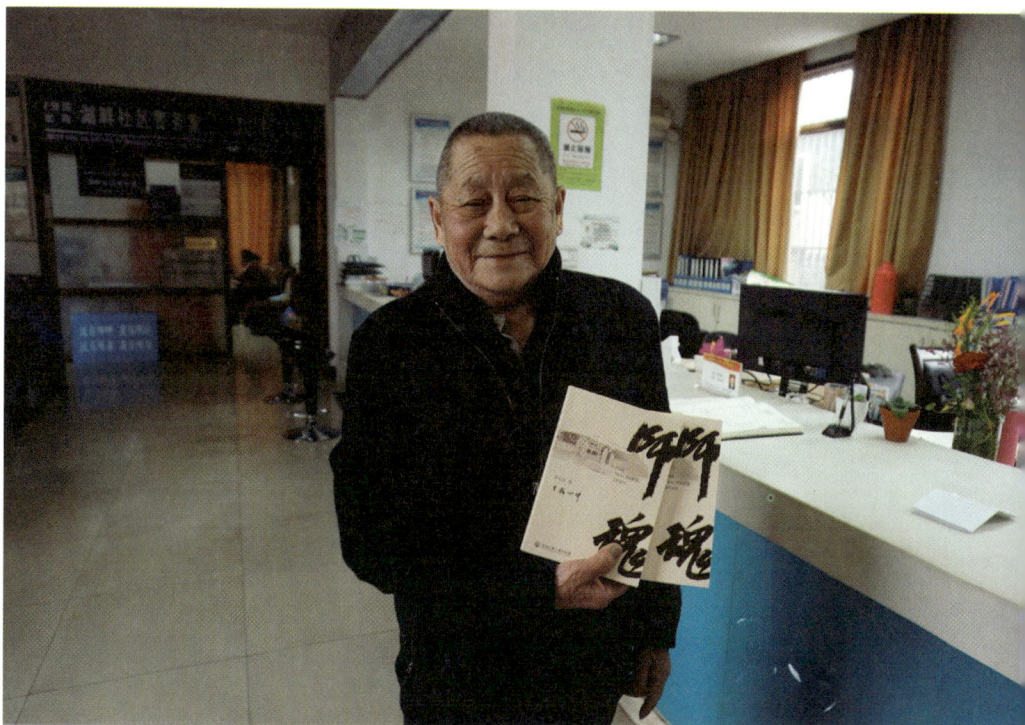

梁伯琦

后，先后任教于内蒙古伊克昭盟一中与伊克昭盟师范学校（现鄂尔多斯职业学院），直至1998年。他爱岗敬业，关爱学生，刻苦钻研，严谨笃学，勇于创新，奋发进取，淡泊名利，志存高远，甘为人梯，乐于奉献，被誉为"教育战线上活的罗健夫"。他用自己的心血、汗水，生动诠释了什么是爱心、奉献和责任，什么是"学为人师，行为世范"。

伊克昭盟师范学校创建于1959年，正值国家困难时期。梁伯琦于1960年秋天调到该校，他负责教学物理，同时还要管理仪器室、实验室，兼理化生地教研组组长和学校电工。尽管工作繁多，他都能胜任。1977年，梁伯琦大腿内侧发现肿瘤，1977年4月23日做第一次手术，术后10天，他就骑自行车去学校上课，尽管伤口不断渗出血水，他还是坚持上完课。后来，经过医院检查确诊为恶性肿瘤，梁伯琦又辗转北京、上海和杭州三个地方的肿瘤医院复查。复查完，他自我感觉良好，又急着赶回学校上课。1978年底，肿瘤复发了，他坚持工作到课程结束。1979年2月，梁伯琦在内蒙古医院进行第二次手术。休养两个月后，他又投入到了学校工作。一年后，肿瘤再次复发，1980年4月23日，在内蒙古医院做了第三次手术。第三次手术后，采用了放疗方案，在病房里，梁伯琦大部分的时间用来学习和备课。

"紧接着1981年和1982年连续两次化疗，即使在癌症一次又一次复发的病情危重时刻，我都没有离开朝夕相处的学生，坚持在第一线为学生授课。"梁伯琦说。他坚信用科学的治疗方法和乐观的生活态度能战胜癌症，他对病情始终保持乐观态度。"事实证明，癌症是可以战胜的。"

梁伯琦奔赴远方，扎根基层，默默奉献，不仅写下充满激情和奋斗的人生诗篇，为当地经济社会进步、为国家发展做出重要贡献。梁伯琦曾荣获全国"五讲四美"为人师表优秀教师、全国少数民族地区先进科技工作者、内蒙古与伊克昭盟劳动模范等荣誉称号，还获得北京师范大学授予的《从事教育工作成绩卓著》荣誉证书。1989年，梁伯琦被中国教育学会列入中国普通教育职业教育系统优秀教师名录。

梁伯琦不仅教书育人，还笔耕不辍，著有《师魂，我心中的上帝》，发表《陶行知的教育思想与陶研现状》《理想，照亮了我的人生道路》《培养学生的分析能力》等论文。

梁伯琦还和夫人赫连素贞一起，花14年的时间共同主编出版了《陶行知教育思想基础》。20世纪二三十年代，美国求学归来的陶行知，立足中国国情，在批判继承古今中外教育思想和教育实践的基础上，围绕贫困、落后、和平等重大社会问题，对教育的使命、教育的功能进行了突破性思考，形成了"生活教育"理论及"创造教育""终生教育"等主张，对教育目的、教育内容、教育方法等诸多问题给出了深刻的回答。《陶行知教育思想基础》这本书介绍了陶行知的教育思想，并突出了陶行知教育思想的现代价值，是一部面向大众，全面、系统介绍陶行知教育思想的基础理论专著。

如今，梁伯琦每次到社区都要与社工们讨论教育话题。

教育是什么？梁伯琦认为，教育首先是教，是传承。不仅是知识和人类文明的传承，还要把为师的品德也传承给学生。梁伯琦说，生命是有限的，可是作为一个教育工作者，能够带来的影响是无限的。"只要生命还在延续，我们在教育的这条道路上，永无止境。"

第四节　赵成："最美残疾人"心怀光明

赵成，浙江杭州人，1986年出生，江苏科技大学2008级硕士研究生。2010年研究生毕业前夕，因实验中发生意外爆炸而双目失明。

赵成

2015年，他以广博的时政、文史等知识，率领浙江代表队参加全国第一届盲人百科知识竞赛，获得第二名的好成绩。

2016年4月，赵成被评为杭州市首届"最美杭州人——十佳残疾人"。后来，经过浙江全省各地推荐、公众号投票和专家评审，赵成又被评为浙江省"最美浙江人·最美残疾人"，成为浙江省残疾人先进典型。

赵成现为杭州市盲人协会青工委负责人。他义务担任阿里巴巴手机淘宝无障碍优化视障工程师，曾多次受邀为华为上海研究院、苹果万象城店讲解语音辅助功能，推动信息无障碍事业发展。他还发起建立微信公众号"紫奇频道"，宣传盲人多元化就业新趋势、新思想、新突破。

失明前后强烈的对比，让赵成真切地感受到了盲人信息无障碍的重要性。现实中，由于信息不对称，缺乏沟通，社会上有时还存在着对视障残疾人的歧视和误解，造成了很多盲人与社会的割裂。赵成相信通过盲人自身的积极呼吁，通过各方的共同努力，让社会各界密切关注，达成共识，一定

赵成

能够在明盲之间架起一座沟通的桥梁，让盲人群体更好地回归社会，融入社会，共建共享美丽杭州的品质生活。

赵成积极行动起来，在阿里巴巴、华为、苹果等大公司间奔走，推动信息无障碍事业的发展。作为阿里巴巴的特约视障工程师，赵成义务参与了阿里巴巴对手机淘宝的无障碍优化测试工作。他还参加了全国前端技术峰会，通过演示操作，让在场的几百位全国顶尖IT工程师更深入地意识到信息无障碍对盲人获取信息的重要性，同时也提升了他们对于信息无障碍的认识。优化无障碍设计是企业的社会职责，而无障碍功能的缺失是高级开发人员的工作失误，就好比工程师建了一幢楼，安装了电梯，却没有设计楼梯，就是这么大的漏洞。

2016年，赵成两次赴华为上海研究院，帮助华为手机部门完成视障用户的需求调研和语音辅助功能数据库的建立。此外，赵成还受邀为苹果万象城零售店的产品专家们开设专门培训，讲解voice over辅助功能的高阶操作与应用，并特邀参与Apple万象城店晨会，为苹果员工做"视障用户与无障碍，科技让连接更平等"的主题分享，帮助他们提高对于盲人无障碍化需求的理解，激发对信息无障碍的兴趣，促进产品体验的提升。

同时，他还努力维护视障群体切身权益，如银行业务办理、铁路重点旅客服务、电信宽带助盲套餐等公共服务的无障碍工作，为助盲优惠政策建言献策，与相关部门反复沟通，优化服务流程，提出改进建议，奉献自己的聪明才智。

赵成还积极从事社会公益活动。他受邀参加浙江大学"晨星文化中国"公益论坛，推动并辅导大学生开展公益助残活动。每年，赵成都会在浙江图书馆视障中心开设智能手机公益培训班，让更多的视障人士有机会接触并熟练使用智能手机，达到互联互通。此外，他还是西湖区法院的人民陪审员，积极履职，尽己所能发光发热。

赵成说："当不幸真正来临的时候，我们每个人都会有痛苦和失落，关键在于如何面对这些灾难，毕竟生活还要继续。我认为首先要学会接受，只有你内心学会真正面对和接受，才能找到突破自己的出路和方向。黑夜带来了黑色的迷惘，但我时刻心怀光明。"

第五节　薛淑杰：一生爱戏

　　薛淑杰，国家一级演员、中国电影家协会会员、浙江省电影家协会副主席。1956年出生于北国冰城哈尔滨的她，15岁便来到西子湖畔。1980年，她首次涉足影坛，便展示出独特的艺术才华。从电影《漂泊奇遇》中的野猫子、《湘西剿匪记》里的女特务到《胭脂》中的小寡妇、《万家灯火》中的白梦薇，她在15部电影、100余部电视剧中，留下一个个光彩照人的艺术形象。

　　如今，64岁的她并没有像其他女演员一样淡出荧屏，还保持着一年演两部戏的频率。对她而言，现在的日子反而比退休前更为忙碌些。只不过，这忙是为自己而忙，充实得很。"退休了不应该仅仅围着儿孙转，我们应该走出家门，参加一些社会活动，展现我们这个年龄段的美，儿孙绕膝的同时也要有自我。"薛淑杰说。

　　2018年9月底，刚结束17天英国游的薛淑杰，一刻都没有休息，立即进入拍戏状态，到北京拍摄电视连续剧《我爱北京天安门》。两个月后，片子杀青，她又马不停蹄赶往横店，担任2018横漂剧星大赛评委。12月21日，刚在平湖参加完第二届浙江省互联网电影表彰盛典的她，又连夜赶往杭州担任第四届美龄旗袍模特大赛的颁奖嘉宾。

　　1971年，薛淑杰来到杭州，也正是同年，她开始接触戏剧。"只要你想演，观众喜欢看你，你就可以一直演下去。"作为一名演员，薛淑杰觉得自己既主动又被动，"如果别人给我机会，我都会努力争取，但是我这把年纪了，也比较挑剔。第一剧本要好，第二角色要好，第三拍

薛淑杰

摄环境不能太艰苦，这也是享受晚年生活的一个方面嘛。"

　　年逾花甲的她，在老有所乐的基础上，也有着自己的一些小标准。

"年轻时吃苦受累，什么地方都能拍，现在不行啦。"薛淑杰还记得，1983年拍摄电影《漂泊奇遇》时，大家住在茅草房里，晚上没有电，只能点着蜡烛。茅草房扎在河流上方，往地板缝里望，还能看见流水。那时的薛淑杰没有抱怨，她任劳任怨，执着于自己的事业。

薛淑杰

　　一生爱戏的薛淑杰在年轻时也曾有过别的尝试。1994至1998年，薛淑杰曾到浙江卫视做过4年专业节目主持人。"那时能进电视台是一件很荣耀的事，在这种大背景下，我抓住机会，进了电视台。我有表演经验，主持大型节目能够与观众交流，所以特别受重用。"即便如此，在忙碌的4年主持生涯中，薛淑杰仍坚持一年出去拍一部戏。

　　1998年，薛淑杰拍摄电视剧《阳光地带》，饰演一位非常有爱心的大学老师。这部片子倾注了她颇多心血，拍完后，她发现，自己最喜欢的还是演戏。1998年，薛淑杰离开电视台，全身心投入演艺界。"我经常会碰到30多岁的小年轻对我说，'薛老师，我是看着你的《阳光地带》长大的，我们那时候就想要你这样的老师。'"薛淑杰说，拍每部剧都是在体验一个新的人生，她特别享受这个过程。

附录 湖畔社区荣誉榜单

序号	日期	荣 誉 称 号
1	2001.03	浙江省省级文明社区
2	2001.04	杭州市绿色社区
3	2001.06	杭州市先进基层党组织
4	2001.06	杭州市卫生示范社区
5	2001.12	浙江省级示范居委会
6	2001.12	杭州市计划生育先进集体
7	2001.12	杭州市文明社区示范点
8	2002.02	杭州市达标文明社区
9	2002.03	杭州市文明交通先进社区
10	2002.05	杭州市党员电化教育播放示范点
11	2002.07	杭州市党建工作示范社区
12	2002.08	杭州市十佳特色社区
13	2003.01	浙江省先进老年活动中心
14	2003.02	浙江省绿色社区
15	2003.05	杭州市无违建先进单位
16	2003.07	杭州市文化信息基层二级中心（电子阅览室）

续　表

序号	日期	荣誉称号
17	2003.10	杭州市示范文明社区
18	2003.10	杭州市爱国卫生先进单位
19	2003.10	浙江省卫生先进单位
20	2003.12	全国计生协会先进集体
21	2004.07	杭州市爱国卫生先进单位
22	2004.08	杭州市精品电子阅览室
23	2004.09	杭州市第二届特色社区评选：优秀特色社区
24	2004.10	浙江省百佳社区
25	2004.10	省文明委等五单位：浙江大学社会实践基地
26	2004.12	浙江省老龄工作规范化社区
27	2005.03	杭州市首届"十佳"绿色家园
28	2005.05	杭州市新型生育文化建设42512工程先进社区
29	2006.05	杭州市十佳示范社区（十五期间）
30	2006.06	浙江省少儿安全示范社区
31	2006.07	杭州市四星级民主法治社区
32	2006.10	杭州市"湖畔之光"党教片一等奖
33	2006.10	杭州市优秀社区警务室
34	2006.11	浙江省"湖畔之光"党教片二等奖
35	2006.12	杭州市和谐社区
36	2006.12	浙江省先进基层党组织
37	2007.02	杭州市安静小区
38	2007.12	杭州市侨法宣传示范点
39	2007.12	杭州市基层规范化侨联
40	2007.12	浙江省城市体育先进社区

续 表

序号	日期	荣 誉 称 号
41	2008.01	杭州市体育先进社区
42	2008.01	杭州市基层老年人体育协会先进单位
43	2009.01	浙江省和谐示范社区
44	2009.05	杭州市示范家长学校
45	2009.05	杭州市规范化养犬社区
46	2009.12	杭州市优秀城市管理联系站
47	2010.06	杭州市质量协会优秀组织奖
48	2010.08	浙江省四星级"侨界之家"
49	2011.02	杭州市先进团支部
50	2011.06	杭州市示范社区居民学习共同体
51	2011.10	杭州市先进基层侨联组织
52	2011.12	杭州市巾帼文明岗
53	2011.12	市妇联基层组织示范单位
54	2012.12	杭州市廉政文化建设示范社区
55	2013.11	杭州市五星级公共服务工作站
56	2014.05	杭州企退社会化管理示范社区、杭州市充分就业示范社区、生育文化园、杭州市老年宜居社区
57	2014.11	杭州市终身学习品牌奖：杭州市成人教育协会
58	2015.10	杭州市特色文化社区
59	2015.12	浙江省统战系统"最美侨之家"
60	2016.05	浙江省住房建设厅"节水型居民小区"
61	2016.12	杭州市气象灾害应急准备工作认证单位
62	2019.12	杭州市先进团支部

后　记

　　文化，是社会文明发展到一定阶段的产物。文化，是否真能成为社区居民的"黏合剂"？社区文化，能否重构起城市生活的新方式？近年来，随着杭州城市发展水平日益提升、国际化步伐日渐加快，一个散发着文化氛围的和谐宜居社区，成了每个市民的切身需求。

　　湖畔社区名人名气大、友人友谊深，既是阿里巴巴诞生之地，也是国际友人心仪之地。本人在本书的采编中，听到了不少关于湖畔社区的传奇故事，创新不仅是根植在湖畔社区的基因，也是最大的特色。创新福地、创新文化家园、创新社会治理、创新志愿者服务、创新国际化社区、创新文化名人，创新的种子从湖畔的阳光、空气、雨露里发芽，创新的文化在居民、社工、志愿者中滋养。社区沐浴着创新阳光，湖畔一片似锦繁花。

　　在《创新·湖畔》一书编写过程中，郑福良、屠立恒、谢卫青、傅晗丽、花丽姝、徐佳、陈治香、沈亚萍、吴清淑、范一敏、冯志宾、王伟成、童兴宁、沈雪霏、陈卫等提供了不同形式的支持和帮助，谨向他们表示衷心的感谢。

郑莉娜

2020年4月